BAEDEKER SMART

FUERTE-VENTURA

Perfekte Tage auf der Insel mit den Endlos-Stränden

Verlag Karl Baedeker – www.baedeker.com

Inhalt

★ TOP 10 4

Das Fuerteventura Gefühl 6

9 **Das Magazin**
■ Die Wüsteninsel ■ Guanchen und Konquistadoren
■ Auf die Welle! ■ Karneval und Fiestas
■ Essen und Trinken ■ Mit Kindern auf Fuerteventura
■ Wo die wilden Tiere warten
■ Meeresleben ■ Schiffswracks
■ Mein Fuerteventura

35 **Erster Überblick**
■ Ankunft
■ Unterwegs auf Fuerteventura
■ Übernachten
■ Essen und Trinken
■ Einkaufen
■ Ausgehen

43 **Der Norden**
Erste Orientierung ■ **In vier Tagen** ■ **TOP 10** ■ Isla de Lobos ■ Corralejo ■ La Oliva ■ **Nach Lust und Laune!** Vier weitere Adressen zum Entdecken ■ **Wohin zum …** ■ Essen und Trinken? ■ Übernachten? ■ Einkaufen? ■ Ausgehen?

65 **Das Inselzentrum**
Erste Orientierung ■ **In zwei Tagen** ■ **TOP 10**
■ Betancuria ■ Antigua ■ Ecomuseo de La Alcogida
■ **Nach Lust und Laune!** Neun weitere Adressen zum Entdecken
■ **Wohin zum …** ■ Essen und Trinken? ■ Übernachten?
■ Einkaufen? ■ Ausgehen?

85 **Der Süden**
Erste Orientierung ■ **In drei Tagen** ■ **TOP 10** ■ Playas de Jandía ■ La Lajita Oasis Park ■ **Nach Lust und Laune!** Fünf weitere Adressen zum Entdecken ■ **Wohin zum …** ■ Essen und Trinken? ■ Übernachten? ■ Einkaufen? ■ Ausgehen?

107
Lanzarote
Erster Überblick ■ **Erste Orientierung** ■ **An einem Tag**
■ **TOP 10** ■ Parque Nacional de Timanfaya
■ Jameos del Agua ■ **Nicht verpassen!** ■ Teguise
■ **Nach Lust und Laune!** Neun weitere Adressen zum Entdecken
Wohin zum … ■ Essen und Trinken? ■ Einkaufen?

127
Gran Canaria
Erster Überblick ■ **Erste Orientierung** ■ **Nicht verpassen!**
■ Casa de Colón ■ Museo Canario
Nach Lust und Laune! Drei weitere Adressen zum Entdecken
Wohin zum … ■ Essen und Trinken?
■ Einkaufen?

137
Wanderungen & Touren
■ 1 Isla de Lobos
■ 2 Sendero de Bayuyo
■ 3 Höhepunkte im Norden und im Zentrum
■ 4 Von Küste zu Küste

Praktisches 153
■ Reisevorbereitungen
■ Das Wichtigste vor Ort

Sprachführer 159

Reiseatlas 161

Register 173

Abbildungsnachweis 176

Impressum 177

10 Gründe wiederzukommen 178

Kapiteleinteilung: siehe vordere Umschlaginnenseite

TOP 10

Nicht verpassen! Unsere Hitliste hilft Ihnen, von der absoluten Nummer eins bis zur Nummer zehn, die wichtigsten Sehenswürdigkeiten einzuplanen.

1 PLAYAS DE JANDÍA ➤ 90

Das kanarische Strandparadies schlechthin ist der Hauptgrund, warum alljährlich ein Millionenpublikum die Sonneninsel als Ferienziel wählt.

2 BETANCURIA ➤ 70

Abseits vom Strand ist die alte Hauptstadt mit ihrem kolonialen Flair das beliebteste Ausflugsziel auf der Insel.

3 ANTIGUA ➤ 73

Eine begehbare Windmühle (Abb. links) bildet den Mittelpunkt eines Museumskomplexes, zu dem ein botanischer Garten und ein Kunsthandwerksladen gehören.

4 ISLA DE LOBOS ➤ 48

Die der Nordküste vorgelagerte unbewohnte Insel kann im Rahmen eines Bootsausfluges kombiniert mit einer kurzweiligen Rundwanderung erkundet werden. Höhepunkt dabei ist die Besteigung des Vulkans Montaña Caldera.

5 CORRALEJO ➤ 50

Ein gern besuchtes Ferienziel im Inselnorden ist Corralejo; südlich erstreckt sich eine herrliche Dünen- und Strandlandschaft. Besonders reizvoll zeigen sich die Dünen kurz nach Sonnenaufgang.

6 LA OLIVA ➤ 53

Im Norden der Insel erzählt die wehrhafte Casa del los Coroneles von der bewegten Vergangenheit der Insel.

7 ECOMUSEO DE LA ALCOGIDA ➤ 74

In dem detailverliebt gestalteten Freilichtmuseum führen fünf vorbildlich restaurierte Bauernhäuser und Werkstätten in das traditionelle Landleben von anno dazumal ein.

8 OASIS PARK ➤ 93

Der in eine für Fuerteventura geradezu verschwenderische subtropische Vegetation eingebettete große Tierpark kommt mit seinen Seelöwen- und Reptilienshows vor allem bei Kindern gut an.

9 PARQUE NACIONAL TIMANFAYA ➤ 114

Ein Tagesausflug auf die Nachbarinsel Lanzarote macht mit dem grandiosen vulkanischen Erbe der Kanarischen Inseln bekannt.

10 JAMEOS DEL AGUA ➤ 116

Der Clou in den von César Manrique gestalteten Lavaröhren ist ein karibisch anmutender Pool, und das in eine Höhle eingepasste Auditorium wird für seine außergewöhnliche Akustik gerühmt.

DAS FUERTEVENTURA

Erleben, was die Insel ausmacht, ihr einzigartiges Flair spüren. So, wie die *majoreros* selbst.

WIND UND WELLEN

Fuerteventura besuchen heißt Meer erleben. Auf keiner anderen Kanareninsel gibt es so weite Sandstrände. Zwar sind manche von wenig ansehnlichen Hotelkästen verstellt, doch an der unberührten **Playa de Barlovento** (➤ 92) kann man manchmal stundenlang barfuß am Wassersaum entlang spazieren ohne eine Menschenseele zu treffen, sich den Wind um die Nase wehen lassen, das ewige Spiel der Wellen beobachten und dem Geschrei der Möwen zuhören.

ENTSPANNUNG PUR

Der **Süden** (➤ 85) von Fuerteventura, angefangen von Costa Calma bis Morro Jable, ist touristisches Neuland. Von zwei winzigen Fischernestern abgesehen fehlte bis noch vor 40 Jahren jegliche touristische Infrastruktur. So gibt es keine kulturgeschichtlichen Sehenswürdigkeiten abzuhaken, man kann sich auf Schwimmen, Surfen, Tauchen, Strandwandern konzentrieren oder einfach am Hotelpool ausspannen und einen Urlaubskrimi lesen.

WIE IN DER SAHARA

Die **Dünen von Corralejo** (➤ 52) ersparen eine Reise in die Sahara. Der stetige Wind hat hier haushohe Sandkämme aufgetürmt, die vor allem bei einem Spaziergang am frühen Morgen oder im weichen Licht kurz vor Sonnenuntergang für ein grandioses Naturerlebnis sorgen. Die beiden hoch aufragenden Riu-Hotels – erbaut in den 1970er-Jahren, als das weitläufige Areal noch nicht unter Naturschutz stand – nehmen sich dann wie eine Fata Morgana aus.

VULKANWANDERUNG

Für einen reinen Strandurlaub ist Fuerteventura viel zu schade. Per Pedes gibt es zahlreiche wunderbare Möglichkeiten, die Insel zu entdecken. So lädt beispielsweise im Norden der ausgeschilderte **Sendero de Bayuyo** (➤ 142) zu einer Exkursion durch das bizarre Lavafeld Malpaís de Bayuyo ein. Hier kann man hautnah die vulkanische Vergangenheit der Insel spüren und einen Blick in den ausgebrannten Krater des Calderón Hondo werfen.

GEFÜHL

Eine Trauminsel: Sandstrand, Meer und Vulkanberge bei Corralejo

DAS FISCHLOKAL AM WASSER

Was gibt es Schöneres, als nach einem erholsamen Tag am Strand den Abend in einem Fischlokal ausklingen zu lassen? Dazu hat man an der über 300 km langen Küste Fuerteventuras etliche Gelegenheiten. Die größte Auswahl bietet die von Lokalen gesäumte Promenade von Morro Jable; gut aufgehoben ist man zum Beispiel im **Blue Marlin** (➤ 102), wo in Salzkruste gebackener Fisch serviert wird.

KOLONIALES FLAIR

Verglichen mit den Hauptinseln Gran Canaria und Teneriffa nimmt sich das koloniale Erbe auf Fuerteventura relativ bescheiden aus. Doch in manchen Orten ist auch hier die Vergangenheit noch lebendig, allen voran in der alten Hauptstadt **Betancuria** (➤ 70). Dort betritt man die Pfarrkirche durch ein schmuckes Renaissanceportal, und in herrschaftlichen Bürgerpalästen haben sich heimelige Lokale eingerichtet.

ALLES KÄSE

Bis noch vor wenigen Jahren gab es auf Fuerteventura mehr Ziegen als Einwohner. Auch heute noch ist Fuerte die kanarische Ziegeninsel schlechthin. Der aus der Milch gewonnene vielfach prämierte Ziegenkäse ist in vielen Lokalen der Renner. Er kommt meist gebraten und mit Mojosauce auf den Tisch. Für ein unvergleichliches Geschmackserlebnis sorgen mit süßem Paprika oder Gofio verfeinerte Sorten. Oft wird er auch geräuchert zusammen mit luftgetrocknetem Schinken auf einer kalten Platte serviert. Probieren kann man die verschiedenen Sorten beispielsweise in der **Hofkäserei** (➤ 83) von Betancuria.

Casa Santa Maria: eines der besten Restaurants in der alten Inselhauptstadt Betancuria

Das Magazin

Die Wüsteninsel 10
Guanchen und Konquistadoren 13
Auf die Welle! 16
Karneval und Fiestas 19
Essen und Trinken 22
Mit Kindern auf Fuerteventura 26
Wo die wilden Tiere warten 28
Meeresleben 30
Schiffswracks 32
Mein Fuerteventura 34

DIE WÜSTENINSEL

Fuerteventura ist die Wüsteninsel unter den Kanarischen Inseln. Man spricht von ihr oft als »ein Stück Sahara, das von der afrikanischen Küste abgesplittert ist«. Geologisch gesehen stimmt das nicht: Wie alle Kanarischen Inseln entstand Fuerteventura durch einen untermeerischen Vulkanausbruch.

Auch der goldgelbe Sand an den Stränden wurde nicht, wie vielfach fälschlicherweise angenommen, aus der Sahara herangeweht, er ist vielmehr »hausgemacht«.

Die Insel präsentiert sich ihren Besuchern als eine wilde Naturschönheit. Alte Gebirgszüge und Vulkankegel werden von tiefen *barrancos* (Schluchten) durchzogen. Die Küste wirkt mit ihren Dünenzügen lieblicher, nur an manchen Stellen haben Wind und Wetter bizarre Formen geschaffen. Weite Gebiete der Insel werden als *malpaís* – wörtlich: schlechtes Land – bezeichnet: Hier gedeihen auf der schwarzen, verbrannten und rissigen Vulkanerde nur ein paar Flechten. Raues Klima und karge Böden verlangten den Inselbewohnern einst einiges ab, nur mühevoll konnten sie ihren Lebensunterhalt sichern. Doch die *majoreros*, wie die Einwohner von Fuerteventura umgangssprachlich genannt werden, legen einigen Einfallsreichtum an den Tag. Auf den Feldern nutzte man den Wind, um Hunderte von *molinos* (traditionellen Windmühlen), *molinas* (Windmühlen auf Ge-

Links: Eine karge Landschaft vulkanischen Ursprungs; oben: Anstelle von Tomaten bauen die Canarios nun Aloe Vera an, hier ein Feld im Valles de Ortega

bäuden), Wasserpumpen und Windturbinen zu betreiben. In der brennenden Sonne wachsen Aloe Vera und etwas Sisal, der früher verbreitete Anbau von Tomaten wurde weitgehend aufgegeben. Angesichts der Kargheit überrascht es nicht, dass vor allem Ziegen auf Fuerteventura als Nutztiere gehalten werden. Noch vor wenigen Jahrzehnten wurden die ausdauernden Kamele als Arbeitstiere eingesetzt, heute sind sie eine touristische Attraktion.

Ein hartes Los haben auch die Fischer, die auf dem unwirtlichen Atlantik ihren Lebensunterhalt verdienen müssen. Die vielen Schiffswracks zeugen von der enormen Kraft des Atlantiks, die so stark ist, dass an der Westküste die Fangflotten nur im Sommer auslaufen können.

ANDERE ZEITEN, NEUE HERAUSFORDERUNGEN

Doch die Zeiten haben sich geändert. Ein Reiseführer aus den 1960er-Jahren beschrieb Fuerteventura noch als eine unter Armut leidende Insel – heute kaum noch vorstellbar angesichts der mit Urlaubern gefüllten Strände von Corralejo. Hier wird viel Geld für einen Kiteboard-Kurs, ein stilvolles Essen in einem der zahlreichen

JA, WO SIND SIE ALLE?

Fuerteventura ist die am geringsten besiedelte Insel der Kanaren, im Durchschnitt wohnen zwölf Personen auf einem Quadratkilometer. Die Bewohner konzentrieren sich vor allem auf die Ostküste. Ein Großteil der Westküste ist Wüste und nur über Pisten und Staubstraßen zugänglich; der Nordteil der Halbinsel Jandía ist mit Ausnahme von Cofete gänzlich unbewohnt. Freunde des FKK freuen sich über die unbesiedelten Küstenabschnitte – abseits der Ferienzentren kann man häufig auf Strandbekleidung verzichten.

Die steigenden Besucherzahlen stellen Fuerteventura vor neue Herausforderungen; doch noch nimmt der Alltag seinen gewohnten Gang, auch in Corralejo

Restaurants der Stadt und die Übernachtung in einem der 4- oder 5-Sterne-Hotels bezahlt. So sehen sich die Inselbewohner vor neue Herausforderungen gestellt: Waren es einst die schwierigen naturräumlichen Bedingungen, die eine Landwirtschaft so mühselig gestalteten, müssen sie sich heute mit der Frage auseinandersetzen, wie man den Tourismus zum Nutzen der Insel gestalten kann, ohne dabei die eigene Kultur zu zerstören.

Die Öffnung von *casas rurales* und *hoteles rurales* (ländlichen Pensionen und Hotels) sowie Projekte wie das Freilichtmuseum Ecomuseo de La Alcogida halten viele für den richtigen Weg hin zu einem kontrollierten Ausbau des Tourismus. Dennoch bereitet die ständig wachsende Zahl an Ferienunterkünften in touristischen Hochburgen wie El Cotillo und Corralejo vielen Inselbewohnern Sorgen. Aber noch ist Fuerteventura in weiten Teilen sehr ursprünglich.

HEUSCHRECKEN AUF DER SPEISEKARTE

Es wird nicht nur Sand aus der Sahara herübergeweht, sondern neben Zugvögeln auch Heuschreckenschwärme vergleichbar mit biblischen Plagen. Im Jahr 2004 überfielen Millionen Heuschrecken (langostas) die Insel. Die für die Menschen zwar harmlosen Tiere zerstörten die Ernte und verscheuchten die Urlauber von den Badestränden. Man kann diesen gefräßigen Gesellen allerdings den Garaus machen, und so hat man 2004 die entsprechenden offiziellen Broschüren mit Ratschlägen verteilt – es waren sogar ein paar Kochrezepte darunter: Mit Knoblauch frittiert sollen sie recht gut schmecken!

GUANCHEN UND KONQUISTADOREN

Als der französische Baron Jean de Béthencourt 1402 erstmals seinen Fuß auf Fuerteventura setzte, war er vom Zivilisationsstand der Inselbewohner überrascht. Diese standen hinsichtlich ihrer Kleidung und der verwendeten Techniken zivilisatorisch im Vergleich zu Westeuropa auf einem niedrigen Niveau.

Béthencourt bezeichnete ihre Gesellschaften als primitiv, ihre Gesetzgebung als sehr einfach und die Strafen als sehr drakonisch. So wurde zum Beispiel einem Straftäter der Schädel mit schweren Felsen zermalmt. Gleichzeitig beschrieb er die Inselbewohner aber auch als ein friedliches Volk mit hohen moralischen Werten. So hielten die mit Béthencourt reisenden Priester in einer Chronik fest: »Man kann auf der ganzen Welt suchen, aber nirgendwo wird man edlere und bessere Menschen finden ... Unterweisung nahmen sie offen entgegen.«

In die Geschichtsbücher gingen die Inselbewohner als Guanchen ein, ein Name, der später generell für die Urbevölkerung der Kanaren verwendet wurde. Fuerteventuras Bewohner wurden auch als *majoreros* (sprich. machoreros) bezeichnet – vermutlich wurden sie nach den Höhlen (*majos*) benannt, in denen sie lebten. Eine alternative Deutung hält die Bezeichnung für eine Ableitung von *mahos* – der Bezeichnung für Schuhe aus Ziegenfell.

WAS IN EINEM NAMEN STECKT

Ursprünglich hieß die Insel Erbania. Der Name bezog sich vermutlich auf die Mauer (berber. bani), die beide Königreiche trennte. Forte Ventura ist erstmals auf einer Landkarte von 1339 verzeichnet. Der Legende nach soll Béthencourt bei seiner Landung »Qué fuerte ventura« – »Welch ein großes Glück« gesagt haben. Eine weitere Erklärung leitet sich aus den spanischen und lateinischen Wörtern für »starker Wind« (fuerte = span. stark; ventus = lat. Wind) ab.

DER URSPRUNG DER GUANCHEN

Man geht davon aus, dass die Inselbevölkerung ursprünglich von Berbern abstammt, die zur Zeit der Römer aus Marokko nach Fuerteventura segelten (Karbonbestimmungen deuten auf das 1. oder 2. Jh. v. Chr. hin). Sie waren vermutlich vom Stamm der Canarii, der schließlich dem gesamten Archipel seinen Namen verlieh. Die Menschen lebten in niedrigen Häusern, wie es viele Inselbewohner noch bis heute tun, teils auch in Höhlen. Sie hielten sich Ziegen und ernährten sich von Meeresfrüchten und Getreide. Die Ureinwohner fertigten einfache Töpfereiwaren an und verzierten sie mit geometrischen Mustern. Man fand zahlreiche Tonstempel (*pintaderas*), die wahrscheinlich dazu benutzt wurden, in den Kornlagern die Behälter der verschiedenen Eigentümer zu kennzeichnen.

Die Insel teilte sich in zwei Königreiche: Die Halbinsel Jandía stand unter der Herrschaft von König Guize, Maxorata (die übrige Insel) wurde von König Ayoze regiert. Béthencourt zeichnete auf, dass eine niedrige, etwa einen Meter hohe Mauer die Insel bei La Pared durchzog und so die beiden Reiche voneinander abgrenzte; Spuren davon finden sich bis heute. Wissenschaftler vermuteten, dass es auch Verteidigungstürme gab, von denen jedoch keine Reste erhalten blieben.

GEWINN FÜR DIE SPANIER

Hätte der französische Hof die Abenteuer Jean de Béthencourts unterstützt, würden die Bewohner der Kanaren heute vermutlich französisch sprechen. Die Franzosen weigerten sich aber, Béthencourts Vorhaben zu finanzieren, und so trug der Ritter sein Anliegen in Kastilien vor. Dort wurde er unter der Bedingung unterstützt, dass die eroberten Territorien an Spanien fallen würden.

Eine Rekonstruktion der bemalten Cueva Pintada zeigt das Museo Canario auf Fuerteventuras Nachbarinsel Gran Canaria

BAEDEKER TIPP

Verglichen mit den Inseln Gran Canaria und La Palma hinterließen die Ureinwohner auf Fuerteventura nur wenige Spuren. Die meisten davon sind nicht zugänglich. Artefakte aus der Höhle bei Villaverde kann man im Museo Arqueológico in Betancuria (► 72) bestaunen. Die bekannteste Stätte der Guanchen ist die Montaña Tindaya (► 57) mit Felsritzungen auf dem Gipfel. Das Museo Canario in Las Palmas de Gran Canaria (► 133) bietet die umfassendste Ausstellung dieser alten Kultur.

Béthencourt war also auf die Insel gekommen, um für Kastilien neues Land und neue Reichtümer zu entdecken. Mit ihm reisende Missionare hatten den Auftrag, die einheimische Bevölkerung zum Christentum zu bekehren. Da er auf Fuerteventura auf starken Widerstand stieß und keines seiner Ziele erreichen konnte, fuhr der französische Adelige schließlich wieder zu seinen Geldgebern nach Kastilien zurück, um Verstärkung zu holen.

FUERTEVENTURA WIRD EIN AUSSENPOSTEN VON KASTILIEN

Als Béthencourt 1404 mit seinen Soldaten zurückkehrte, musste er feststellen, dass die Bevölkerung bei Valtarajal (später: Betancuria) und Rico Roque (unweit von El Cotillo) Festungen errichtet hatte. Da die Inselbewohner jedoch nur mit Speeren und Knüppeln bewaffnet waren, waren sie leicht zu überwältigen. Viele starben an eingeschleppten Krankheiten. Im Januar 1405 ergaben sich die beiden Könige schließlich, die Bevölkerung folgte ihrem Beispiel. Die Sieger zeigten sich großzügig, schenkten ihnen das Leben und gaben den Königen sogar Teile ihres Landes zurück. Dennoch war Fuerteventura von da an ein Außenposten des spanischen Kastilien.

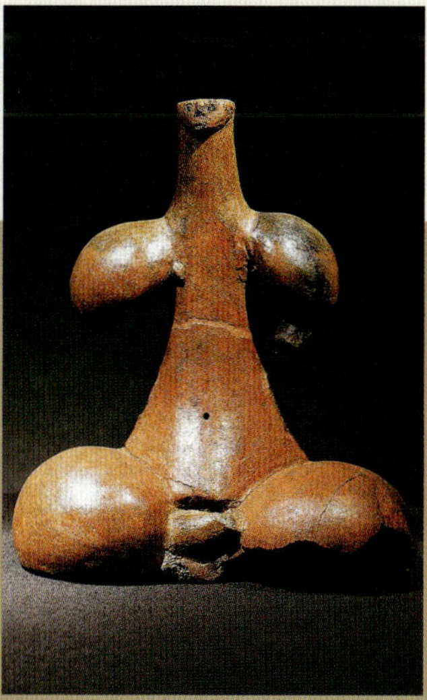

Auch das Idol von Tara ist ein Kunstwerk der Guanchen. Gefunden auf Gran Canaria, ist die tönerne Statue heute ebenfalls im Museo Canario zu besichtigen

AUF DIE WELLE!

Fragen Sie jemanden, der je mit einem Brett über die Wellen geritten ist, und er wird Ihnen bestätigen, dass Fuerteventura zu den besten Surforten der Welt zählt. Grund dafür ist schlichtweg die Geografie der Insel: Die Kanaren profitieren seit je von dem starken Passatwind gepaart mit dem hohen Seegang rund um die Inseln.

Schon seit Jahrhunderten verlassen sich die Seeleute auf diese zuverlässig wehenden Winde, die ihnen eine schnelle Fahrt garantieren – heute freuen sich die Wassersportfans über die starke Brise. Unterstützt wird dieser Effekt durch die geografisch bedingten »Beschleunigungszonen«: Als solche gelten Berggipfel oder kleine Inseln, die die Luftströmung kanalisieren. Der so erzeugte Beschleunigungseffekt kann zu einer Verdreifachung der Windgeschwindigkeit führen. Auf Grund seiner Lage erlebt man diesen Effekt an mehreren Stellen auf Fuerteventura – vor allem an der Sotavento-Küste von Jandía und im Norden rund um Corralejo.

Windsurfen, die Sportart Nummer eins

Windsurfen ist die Sportart Nummer eins auf der Insel; 1986 wurde an der Sotavento-Küste die erste Weltmeisterschaft ausgetragen, 2001 weiterentwickelt zum Weltcup im Windsurfen und Kiteboarden. Dabei wurde einer neuen Wassersportart Rechnung getragen, dem Kitesurfen oder Kiteboarden. Das Kitesurfen (Surfen mit einem riesigen Lenkdrachen) in seiner gegenwärtigen Form nahm in den späten 1990er-Jahren seinen Anfang und wird als eine Mischung aus Windsurfen, Wellenreiten und Paragliden definiert. Drachensurfer benutzen einen Lenkdrachen aus leichtem Stoff, der sie bei einer Geschwindigkeit von bis zu 70 km/h über das Wasser zieht. Wahre Meister können an die 15 m hoch in der Luft fliegen und dabei verschiedene Kunststücke vollführen, bis sie dann rund 70 m von ihrem Ausgangspunkt entfernt wieder landen.

BAEDEKER TIPP

Fortgeschrittene Windsurfer sollten im Sommer kommen, wenn ein starker Wind von den Hochdruckgebieten der Azoren zu den Tiefdruckgebieten der Sahara bläst. Für Anfänger dagegen empfehlen sich die Wintermonate, wenn der Wind schwächer ist.

Windsurfen für Anfänger

Ein Schnupperkurs in einer ruhigen Lagune mit hüfthohem Wasser kostet rund 60 Euro. Ein Drei-Tage-Kurs wird für rund 140 Euro angeboten und ist eine gute Möglichkeit, sich mit der Sportart etwas besser vertraut zu machen. Wer richtig Spaß am Surfen gewonnen hat, hat dann die Wahl zwischen einem Fortgeschrittenenkurs und dem Mieten eines eigenen Surfbretts.

Oben: Wellenreiter an der Nordwestküste
Unten: Passatwinde und der hohe Seegang machen Fuerteventura zum Surferparadies

Wellenreiten

Fuerteventura ist auch eine beliebte Destination für Wellenreiter, die vor allem in den Wintermonaten (Oktober bis März) kommen, denn in dieser Zeit sind die Wellen höher und der Wind schwächer.

Auf der Insel gibt es mehrere Wellenreitschulen, an der Nordküste in Corralejo blickt das Team von Islandboarders (www.islandboarderssurfschool.com) auf eine mittlerweile zwanzigjährige Erfahrung zurück. Ein eintägiger Kurs kostet 45 Euro. Dabei werden den Schülern nach einer vierstündigen Einführung (mit Sicherheitshinweisen) die wichtigsten Paddel- und Standtechniken gezeigt. Nach Absolvieren des dreitägigen Anfängerkurses (110 Euro) sollten die Schüler auf einem Brett stehen können. Täglich werden drei bis vier Stunden im Wasser die Standtechniken geübt, weitere Schritte sind die Kontrolle des Bretts, Paddeln und Überlebensmaßnahmen.

Die weiten Strände von Corralejo sind ein Paradies für Kiteboarder

Eine weitere renommierte Schule ist die Quicksilver Surf School bei Corralejo. Sie wurde 1994 von Joachim Hirsch gegründet, dem deutschen Longboard-Meister aus dem Jahr 1999 und Mitglied der nationalen Surfmannschaft – siehe www.quicksilver-surfschool.com.

Im Süden finden Wellenreiter vor der Küste von La Pared ebenfalls sehr gute Bedingungen vor. Auch dort gibt es mehrere Schulen, die Surfcamps anbieten, etwa das deutschsprachige Team von Waveguru (www.waveguru.de). Und natürlich ist auch das Stehpaddeln schon lange auf Fuerteventura angekommen, für den einfach zu lernenden Trendsport können vielerorts Boards ausgeliehen werden.

Kitesurfen

Viele meinen, dass nur Surfer mit dieser neuen Trendsportart beginnen könnten. Das stimmt nicht, Surfern fällt das Erlernen aber sicher leichter. Wichtiger ist es eigentlich, zu wissen, wie man einen Lenkdrachen richtig führt und wie die Naturgesetze des Windes funktionieren. Durch das ausgeklügelte Leinensystem bedarf es auch keiner allzu großen Kraftanstrengungen der Arme. Ein achtstündiger Einführungskurs kostet rund 230 Euro. Top-Veranstalter sind Flag Beach Windsurf und Kitesurf Centre, beide in Corralejo (➤ 64) sowie Pro Center René Egli K2 Wassersports Centre, Sotavento Beach, Jandía (➤ 106).

Aller Anfang ist schwer. Aber nur Mut!

KARNEVAL UND FIESTAS

Auf den Kanaren wird im Frühjahr Karneval (*carnaval*) gefeiert. Gran Canaria und Teneriffa wetteifern um die größten Umzüge, und da wollen die anderen Inseln natürlich nicht nachstehen. Die größten Karnevalsfeiern auf Fuerteventura finden in Corralejo und Puerto del Rosario statt.

Eigentlich verfällt die ganze Insel in eine Art Karnevalstaumel. Die Termine sind von Jahr zu Jahr verschieden, generell geht es aber neun Wochen vor Ostern los, also etwa Anfang bis Mitte Februar, und zwar mit der *Verbena de la Sábana* (Betttuchfete). Die Teilnehmer ziehen sich dazu ein Bettlaken über. Anschließend werden die Karnevalsprinzessin und die Kinderkarnevalsprinzessin gekürt.

Der Höhepunkt der Feierlichkeiten ist der Freitag vor Faschingsdienstag, wenn die Drag Queen gewählt wird – ein als Frau verkleideter Mann. Am nächsten Tag findet dann der farbenfrohe Umzug statt. Auf den Straßen wird zu heißen Salsa-Rhythmen getanzt, den Durst löschen schier unerschöpfliche Mengen an Cuba libre, der an zahllosen Ständen angeboten wird.

Alle verkleiden sich und dann geht auf den Straßen die Post ab

Die Beerdigung der Sardine

Zu den Eigenheiten des Inselkarnevals gehört, dass sich die Männer stets als Frauen verkleiden. Wer schon das seltsam findet, sollte die Zeremonie am Ende der Feierlichkeiten abwarten: Mit der so genannten »Beerdigung der Sardine« wird das Ende der Karnevalszeit und der Beginn des Frühlings samt der Fastenzeit und Abstinenz gefeiert. Dabei wird am Aschermittwoch eine riesige Sardine aus Pappe im Rahmen eines fingierten Trauerzugs unter den Klagen der schwarz gekleideten Trauernden durch die Straßen getragen. Am Hafen angekommen werden dann in der Sardine Feuerwerkskörper gezündet und die Fischfigur in Brand gesetzt.

Feiern zu Ehren der Jungfrau Maria

Andere Feierlichkeiten auf der Insel gedenken des Namenstags eines Heiligen oder der heiligen Jungfrau Maria *(Nuestra Señora)*. Im Mittelpunkt

BAEDEKER TIPP

Wer in der Karnevalszeit nach Fuerteventura reist, sollte viel Feierlaune und ein Kostüm mitbringen – je bunter und extravaganter, desto besser.
Um wirklich mitzuerleben, wie die Canarios den Karneval feiern, nimmt man einfach ein Flugzeug nach Las Palmas (➤ 127ff) auf Gran Canaria oder Teneriffa, dort finden die größten Umzüge statt. Alle Termine und Veranstaltungen siehe www.fuerteventura.com

Die spektakulärsten Umzüge finden auf Gran Canaria und Teneriffa (links) statt; feierliche Stimmung herrscht bei der Fiesta de la Virgen del Pino auf Gran Canaria (oben)

der Prozession steht die jeweilige Heiligenfigur oder Jungfrau Maria, die von bekannten Gemeindemitgliedern zusammen mit Musikanten in Tracht durch die Straßen getragen wird. Bei den größeren Fiestas kommen Festwagen, Straßenstände mit lukullischen Genüssen und als Höhepunkt ein abschließendes Feuerwerk dazu. Zu den bedeutendsten Fiestas zählt die *Romería* (Wallfahrt) zur Ermita Virgen de la Peña, der Schutzheiligen von Fuerteventura, die in Vega de Río Palmas am dritten Septemberwochenende verehrt wird.

Bei der Fiesta de Nuestra Señora del Carmen am 16. Juli in Corralejo und Morro Jable ehren die Fischer ihre Schutzheilige im Rahmen einer farbenprächtigen Bootsprozession, die von einheimischen Fischern mit der Statue der heiligen Jungfrau angeführt wird.

Am dritten Sonntag im August füllt sich der alte Hafen von El Cotillo mit Booten und Schiffen zu Ehren der Nuestra Señora del Buen Viaje. Die Fiesta de la Virgen del Pino findet immer am 8. September auf Gran Canaria statt.

FUERTEVENTURAS SIEG

Am 13. Oktober feiern die Einheimischen den Tag, an dem sie den Engländern 1740 eine schwere Niederlage beibrachten: Dabei stellen sie die Schlacht von Tamasite in der Nähe von Tuineje nach. Englische Freibeuter griffen bei Tuineje an und wurden von 37 Einheimischen in die Flucht geschlagen. Bei den Kämpfen kamen 30 Engländer ums Leben, außerdem fünf Einheimische. Eine erbeutete Kanone steht heute vor dem Archäologischen Museum in Betancuria. Ein Gemälde in der Kirche von Tuineje erinnert ebenfalls an den eindrucksvollen Sieg.

ESSEN UND TRINKEN

Die typisch kanarischen Gerichte kommen aus der Küche der Bauern und Fischer – herzhafte Eintöpfe und einfacher Fisch vom Grill. Internationale Gerichte finden sich dennoch auf fast jeder Speisekarte, vor allem in Ferienorten.

Viele Restaurants bieten eine gute Mischung aus kanarischen und spanischen Gerichten an. Probieren Sie eine Auswahl an *Tapas* (verschiedene Vorspeisen), wie man sie vom spanischen Festland kennt – sie sind an sich schon eine köstliche Mahlzeit.

Mojo und Papas

Typisch für die Kanaren sind *mojo picón* und *mojo verde. Mojo picón* – wörtlich: pikante Soße – ist die schärfere Variante und wird aus Chilischoten, Knoblauch, Kreuzkümmel, Paprika und Essig zubereitet. Beide Soßen kommen kalt auf den Tisch und werden gerne zu Fleischgerichten und *papas arrugadas* (wörtlich: runzelige Kartoffeln) gereicht. Es handelt sich dabei um kleine neue Pellkartoffeln, die in viel Wasser mit Meersalz gekocht werden. Sie sind köstlich und schmecken keineswegs salzig. *Mojo verde* (grüne Soße) ist die mildere Soßenvariante mit Koriander anstatt Chili, und sie wird gern zu Fisch gereicht.

Pause für eine Portion Tapas

Spezialitäten der Insel: Fleisch und Käse

Die Ziege ist das Symbol von Fuerteventura (► 28f) und erscheint in jeder erdenklichen Form auf der Speisekarte. In den meisten Restaurants gibt es Ziegenkäse *(queso de cabra)* als Vorspeise, meist zusammen mit Tomaten. Alternativ wird er paniert und ausgebacken und dann mit Quittengelee *(membrillo)*, Palmhonig *(miel de palma)* oder auch *mojo verde* serviert. Man sollte auf der Speisekarte bei den Spezialitäten nach *cabrito* (Zicklein) schauen, das entweder gebraten, gebacken oder als Eintopf *(compuesta)* auf den Tisch kommt. Ein weiteres Ziegengericht ist *higado de cabra frita* (gebratene Ziegenleber). Einige Restaurants bieten Ziegen- oder Zickleineintopf nur am Sonntagmittag an; er muss in der Regel auch vorbestellt werden. *Conejo* (Kaninchen) ist ebenfalls beliebt und wird entweder mariniert *(al salmorejo)* oder gebraten (*frito*) serviert.

Südamerikanische Spezialitäten

Die durch Auswanderung entstandenen engen Verbindungen zu Venezuela kommen auch in der Esskultur zum Ausdruck. In vielen Bars gibt es Arepas, Maisfladen, die mit Fleisch, Huhn oder auf vegetarische Art mit Gemüse und Ziegenkäse gefüllt sind und knusprig ausgebacken als Snack angeboten werden. Auch ursprünglich aus Argentinien stammende *Empanadas* (Teigtaschen), sind vielerorts zu haben..

Fisch von der Insel

Der preiswerteste Fisch ist in der Regel der *corvina* (Adlerfisch). Doch probieren Sie auch einmal die etwas teureren Fische: *cherne* (Barsch), *vieja* (Papageifisch), *sama* (Meerbrasse) oder *gallo* (Petersfisch). Häufig stehen

KÖSTLICHE TAPAS UND VORSPEISEN

Albóndigas: Fleischbällchen

Calamares: frittierte Tintenfischringe

Chorizo al vino tinto: Paprikawurst in Rotwein

Croquetas: Kroketten, oft mit Püree gefüllt

Gambas: Garnelen

Jamón serrano: luftgetrockneter Schinken; Pata negra ist die beste, allerdings auch teuerste Sorte

Mejillones: Muscheln

Pimientos: gefüllte, oft auch pikante Paprika; sie werden manchmal in mildem Schmelzkäse serviert.

Pulpo: Tintenfisch

Tortilla: Kartoffelomelett

Von oben: Paella und papas arrugadas bekommt man überall. Ebenfalls köstlich: Meeresfrüchte und der kanarische Wein

auch *atún* (Thunfisch), *pez espada* (Schwertfisch), *merluza* (Seehecht) und *lenguado* (Seezunge) auf den Karten der Fischlokale. Beliebt ist die spanische Vorspeise *gambas al ajillo* (Garnelen in zischend heißer Knoblauchsoße). Zur *paella*, dem spanischen Nationalgericht, gehören Muscheln, Garnelen und oft Kaninchen.

Zum Nachtisch etwas Süßes

In den traditionellen Lokalen beschränkt sich die Auswahl an *postres* (Desserts) in der Regel auf *flan* (spanische Karamellcreme) oder helado (Eis). In den modernen spanisch-kanarischen Restaurants sollte man jedoch nach Folgendem Ausschau halten: hausgemachter Käse- und Apfelkuchen oder frangollo, das aus aus *gofio* – siehe unten – sowie getrockneten und in Sirup getränkten Früchten hergestellt wird. Bienmesabe ist ein Nachtisch aus Mandeln, Eigelb und Zuckersirup mit der Konsistenz von Honig, oft werden Eis oder Bananen dazu serviert. Leche asada ist eine Art Pudding mit Zitronengeschmack, und leche frita entspricht im Stil der Crème Caramel.

Schwere Zeiten für Vegetarier

Es ist schwierig, auf Fuerteventura wirklich rein vegetarische Kost zu finden. Selbst in Gerichten wie *potaje de berros* (Brunnenkressesuppe) oder *garbanzos compuestos* (Kichererbseneintopf) ist Schinken oder Schweinefleisch enthalten. Lokale mit kanarischer Küche haben kaum eine vegetarische Karte, als Alternative dazu bieten sich jedoch italienische und asiatische Restaurants an.

Gofio

Gofio – Mehl aus gemahlener gerösteter Gerste oder Mais bzw. Weizen – zählt seit der Zeit der Guanchen (➤ 13ff) zu den Grundnahrungsmitteln der Canarios. Die Inselbewohner essen es als Brei oder als eine Art Polenta, verwenden es aber auch, um Suppen und Eintöpfe zu binden. Mit etwas Glück finden Sie auf der Speisekarte Traditionsgerichte wie *gofio escaldado* (mit Fischbrühe), *helado de gofio* (Gofio-Eis) oder mousse de gofio.

Getränke

Auf Fuerteventura wird so gut wie kein Wein gekeltert. Der in den Restaurants angebotene Wein kommt meist von den Nachbarinseln Lanzarote und Teneriffa oder dem spanischen Festland. Versuchen sollte man auch einmal *ronmiel* (Honig-Rum), eine kanarische Spezialität, die aus Palmhonig gemacht wird. Weitere Getränke ➤ 41.

Für den kleinen Hunger

Selbst im kleinsten Café oder in einer Bar an der Ecke bekommt man einen leckeren *bocadillo de lomo*, eine Art Baguette mit Schweinelende, Käse und Tomaten. Weit verbreitet sind Tapas-Bar, die, wie auch auf dem spanischen Festland üblich, kleine Zwischenmahlzeiten anbieten.

Weitere kanarische Spezialitäten

Potaje oder *puchero canario* – ein herzhafter Eintopf mit Fleisch und Gemüse, der in der Regel mit Gofio-Klößchen serviert wird.
Rancho canario – ein Eintopf aus Fleisch, Kartoffeln, Kichererbsen, Tomaten und Nudeln.
Ropa vieja – wörtlich: »alte Kleidung«; gemeint ist ein Eintopf mit Fleisch, Kichererbsen und allem möglichen Gemüse, das der Küchenchef gerade zur Hand hat.
Sancocho – gepökelter Fisch und Kartoffeleintopf.

Julian Diaz zeigt seinen Ziegenkäse in einer Käserei in Tiscamanita

MIT KINDERN AUF FUERTEVENTURA

Mit seinen kilometerlangen Stränden ist Fuerteventura ein Paradies für Kleinkinder, doch auch größere Kids kommen hier auf ihre Kosten, wenn sie erste Unterrichtsstunden in einer der vielen Wassersportarten nehmen.

WINDSURFEN

Kinder ab zehn Jahren können Unterricht im Windsurfen nehmen. Empfehlenswerte Anbieter sind Flag Beach im Norden (➤ 64), René Egli im Süden (➤ 106) und das Fanatic Fun Centre in Caleta de Fuste. Mit den Anfängern gehen die Lehrer in ruhige Lagunen: bei Risco del Paso im Süden, bei El Cotillo im Norden und am Strand von Caleta de Fuste.

WELLENREITEN

Bodyboarden (oder Boogieboarden) ist der erste Schritt, um zu lernen, wie man surft. Kinder können damit anfangen, sobald sie sich im Wasser sicher fühlen. Überall auf der Insel werden in den Geschäften Bodyboards verkauft – verkürzte Surfbretter, auf die man sich legen kann. Wellenreiten wird vor allem an den Stränden von El Cotillo, Corralejo und La Pared betrieben. Gute Schulen sind Islandboarders und die Quicksilver Surf School, die beide in Corralejo ansässig sind. Kinder dürfen ab zehn Jahren Unterrichtsstunden nehmen.

Sonne, Sand und Wasser: Kindern reicht das kleinste Stückchen Strand, um viel Spaß zu haben

BAEDEKER TIPP

Wenn es Ihren Kindern Spaß macht, Vögel und andere Tiere zu sehen – samt Show und Kamelritt –, dann eignet sich der Oasis Park von La Lajita (➤ 93ff) perfekt, um einen Tag in diesem tropischen Ambiente zu verbringen. Der einzige Wasserpark der Insel befindet sich in Corralejo im Baku-Komplex; jede Menge Unterhaltung für die ganze Familie wird hier angeboten (➤ 50). Kegelbahnen gibt es in Caleta de Fustes und Corralejo.

TAUCHEN

Auch bei dieser Sportart liegt das Mindestalter bei zehn Jahren. Empfehlenswerte Schulen in Corralejo sind das Corralejo Dive Centre und das Punta Amanay Dive Centre (➤ 27).

DRACHEN STEIGEN LASSEN

Das Internationale Drachen-Festival wird seit 1992 jährlich am zweiten Oktoberwochenende in den Dünen von Corralejo abgehalten. Die besten Drachenlenker Europas sind mit von der Partie; Höhepunkt ist der Nachtflug am Samstag. Dann bieten die erleuchteten Drachen eine faszinierende Show. Jeder kann am Freitag teilnehmen, wenn fachkundige Lehrer zur Verfügung stehen. Man muss nur seinen eigenen Drachen mitbringen, dann ist man stets willkommen.

STRÄNDE UND ABENTEUER

Ein Ausflug zur Isla de Lobos (➤ 48f) ist auch für Kinder ein spannendes Abenteuer. Die größeren können sich als Inselforscher betätigen, die Kleinen spielen im seichten Wasser der Bucht. Wer auf einen Sonnenschirm, eine Liege, einen Imbissstand, Duschen und Toiletten am Strand Wert legt, dem steht nur eine begrenzte Auswahl an Orten zur Verfügung. Corralejo, Caleta de Fustes, Costa Calma und Morro Jable verfügen über die entsprechende Infrastruktur. Viele Strände sind bescheidener ausgestattet. Die besten Strände für kleinere Kinder finden Sie in Playa de la Concha auf der Isla de Lobos und an der Lagune von El Cotillo.

WO DIE WILDEN TIERE WARTEN

Fuerteventura verfügt nicht gerade über viele einheimische Tierarten, doch gibt es drei Lebewesen hier, mit denen so ziemlich jeder Tourist Bekanntschaft macht.

Wenn es auf Fuerteventura ein Nationaltier gibt, dann ist es die Ziege (cabra). Die genügsamen Tiere finden noch auf dem dürftigsten Gelände etwas zu fressen – von Dornbüschen auf Felsgeröll bis hin zu stacheligem Gestrüpp in den Sanddünen. Insgesamt leben 60 000 Tiere auf der Insel und damit immerhin fast halb so viele wie Menschen. Ziegen werden seit der Zeit der Guanchen in Herden gehalten und vielfältig verwertet. Ihr Fleisch steht auf jeder Speisekarte, aus den Häuten wurde früher Kleidung gefertigt, und aus ihrem Magen machte man Beutel, um darin *gofio* (➤ 24) aufzubewahren.

Insgesamt gibt es über 30 Ziegenarten auf Fuerteventura: einfache weiße *(blanca)* und schwarze *(negra)* Arten, aber auch gefleckte *puipana colorada*. Kinder freuen sich über kleine Zicklein und sind beeindruckt von den ausgewachsenen Tieren mit ihren Hörnern. Im Bergland von Betancuria hat man gute Chancen, die Tiere zu Gesicht zu bekommen.

Ein fast allgegenwärtiger Anblick: Auf Fuerteventura leben ca. 300 Kamele (links) und unzählige Erdhörnchen (oben)

KAMELE

Das Kamel, oder besser das einhöckrige Dromedar, wurde 1405 von den Normannen auf der Insel angesiedelt. Bis in die 1950er-Jahre nutzte man diese an das unwirtliche Gelände und trockene Klima angepassten Tiere für die Feldarbeit und als Lasttiere. Im 16. Jh. gab es auf Fuerteventura etwa 4000 Dromedare, 1985 waren es nicht einmal mehr 30 Tiere. Heute liegt der Bestand wieder bei rund 300 Exemplaren – dank des Tourismus und der Zucht im Oasis Park (► 93ff). Dort trägt man sich mit dem Gedanken, die erste Kamelmilch-Molkerei in Europa zu gründen: Kamelmilch hat viel Protein, aber um 40 Prozent weniger Cholesterin als Kuhmilch und ist reich an Mineralien und Vitamin C.

ACHTUNG, SPRINGENDE ZIEGEN!

Verkehrsschilder mit einem anmutig daher springenden Wild in einem roten Dreieck warnen vor Ziegen. Dass das abgebildete Tier so wenig an eine Ziege erinnert, liegt daran, dass das Schild von den Behörden Fuerteventuras »von der Stange« gekauft wurde...

ERDHÖRNCHEN

Diese kleinen Gesellen sehen wie eine Mischung aus einem Backenhörnchen und einem grauen Eichhörnchen aus. Man sieht sie überall auf der Insel, wo es etwas zu essen gibt, sei es auf der Promenade von Morro Jable oder an den Aussichtspunkten im Landesinnern. Sie sind sehr zahm; füttern sollte man sie aber nicht, denn das bringt ihren natürlichen Sammelinstinkt durcheinander.

MEERESLEBEN

Das Klima, der vulkanische Meeresgrund, das saubere Wasser und Tiefen von bis zu 3500 m machen den Kanarischen Archipel zum idealen Tauchrevier und Paradies für Hochseefischer.

Es gibt eine enorme Vielfalt an Fischen, darunter Rochen, Haie, Schwertfische, Großaugen- und Gelbflossenthunfische, den Echten Bonito, Blaufische, Barrakudas, Wahoos sowie den prestigeträchtigen Blauen Marlin. Vorkenntnisse sind beim Meeresfischen nicht erforderlich. Der Fang gehört dem Kapitän, doch werden die meisten großen Fische mit einer Plakette versehen und dann wieder freigelassen. Ein Tag Hochseefischen – in der Regel dauert der Törn rund sechs Stunden – kostet etwa 50 Euro pro Person; es gibt Veranstalter am Kai von Caleta de Fuste, Corralejo und Morro Jable.

WAL- UND DELFINBEOBACHTUNG

Es ist durchaus möglich, Wale und Delfine, Fliegende Fische und Schildkröten zu sichten, wenn man mit einem Ausflugsboot vor der Küste von Fuerteventura unterwegs ist. Bootsausflüge werden außer vom Hafen in Corralejo auch von Caleta de Fuste aus angeboten. Dort ist der Katamaran von Oceanarium Explorers stationiert, der mehrmals in der Woche Fahrten anbietet. Die Veranstalter versprechen, dass bei 40 Prozent aller Ausflüge

Traumhafte Unterwasserwelten erschließen sich den Tauchern und Schnorchlern; wer über Wasser bleiben mag, geht zur Wal- und Delfin-Safari

Delfine und Wale gesichtet werden, Meeresschildkröten sogar in 95 von 100 Fahrten.

Schnorchel-Safaris und Tauchfahrten bringen unvergessliche Eindrücke von der Unterwasserwelt

TAUCHEN

Alle Veranstalter bieten Anfängerkurse an sowie Tauchfahrten für erfahrene Taucher. Engelhaie und Rochen sind die Hauptattraktionen vor der Küste der Insel. Empfehlenswerte Tauchunternehmen sind Corralejo Dive Centre (Tel. 928 53 59 06, www.divecentrecorralejo.com) und das Punta Amanay Dive Centre (Tel. 928 53 53 57, www.punta-amanay.com). Die Tauchbasis in Corralejo ist die älteste auf der Insel und kann mit über 30 Tauchrevieren aufwarten. Das Mindestalter zum Tauchen liegt bei zehn bis zwölf Jahren. Eine empfehlenswerte deutschsprachige Tauchbasis an der Ostküste ist Deep Blue (Tel. 928 163 712, www.deep-blue-diving.com) in Caleta de Fuste, ebenfalls unter deutscher Leitung getaucht werden kann mit Acuarios Jandía (Tel. 928 876 069, www.acuarios-jandia.com), die ihre Basis in Costa Calma im Sotavento Beach Club hat.

SCHNORCHEL-SAFARIS

Schnorchel-Ausfahrten bietet Get Wet in Corralejo an (www.getwet-snorkelling-fuerteventura.com, Tel. 660 77 80 53). Bei den Schnorchel-Exkursionen stehen die Chancen gut, dass man Delfine, Schildkröten und Rochen zu Gesicht bekommt. Nach einer abenteuerlichen Fahrt in einem schnellen Schlauchboot bekommt man einen Taucheranzug gestellt. Erfahrene Tauchbegleiter führen die Schnorchler zu den Stellen, an denen sich die Meerestiere regelmäßig blicken lassen. Get Wet legt an der Isla de Lobos an. Die Exkursionen dauern insgesamt zwei bis vier Stunden, davon ist man eine Stunde im Wasser. An den Schnorchelsafaris können auch Kinder ab acht Jahren teilnehmen. Glasbodenboote fahren ab Hafen Corralejo zur Insla de Lobos (► 48f), zudem kann man von Caleta de Fuste und Morro Jable Fahrten im »U-Boot« unternehmen.

SCHIFFSWRACKS

Die Wellenbrecher und starken Winde, die auf der Insel so extrem gute Wassersportbedingungen schaffen, sind für die Handelsschifffahrt katastrophal, und so sind in den letzten 20 Jahren vor Fuerteventura viele Schiffe gesunken. Zum Glück verloren nur wenige Menschen ihr Leben – die Schiffswracks in Küstennähe haben sich inzwischen zu viel besuchten Sehenswürdigkeiten entwickelt.

1987 spülte es die 1936 gebaute Rose of Sharon, einen Holzschoner mit zwei Masten, an den Strand von Jandía, wo er mehrere Jahre liegen blieb – das Symbol eines Schiffwracks schlechthin. Das Schiff avancierte zum inoffiziellen Wahrzeichen der Insel und tauchte sogar auf dem Cover einiger Reiseführer auf.

1995 strandete das um einiges weniger anmutige, 100 m lange Containerschiff Jucar vor der Küste von Aguas Verdes. 1999 lief dann die FV Massira, ein Hochseefischereischiff, nördlich von El Cotillo auf Grund und wurde ebenfalls eine beliebte Touristenattraktion.

Das größte und spektakulärste Wrack ist die SS American Star, die von 1993 bis 2007 das inoffizielle Wahrzeichen der Insel war (inzwischen aber vollständig unter Wasser liegt).

Ein dunkles Kapitel sind in diesem Zusammenhang die mit illegalen Einwanderern aus Afrika besetzten Schiffe, die in der letzten Zeit vor der Küste strandeten – zum Teil mit vielen Todesfällen. Diese Unfälle setzen sich bis heute fort, oft auch in direkter Strandnähe. 2007 sank schließlich ein Umweltschutzschiff im Hafen von Corralejo – zum Glück ohne Todesfälle.

SS AMERICAN STAR

Das Schiff begann 1939 sein Dasein als Luxusliner von 220 m Länge und 28 m Breite. Im Krieg beförderte es die amerikanischen Truppen, bis es 1963 wieder seine Fahrten über den Atlantik aufnahm und Emigranten von Großbritannien nach Australien transportierte. 1993 wurde das Schiff verkauft, um nach Thailand geschleppt zu werden. Dort sollte es als schwimmendes Hotel genutzt werden. Die kürzeste und einfachste Route führte damals durch den Suezkanal. Wie es scheint, zogen die Eigner es jedoch vor, die Gebühr zu sparen, und trafen die fatale Entscheidung, in einer sturmreichen Zeit an der afrikanischen Küste entlang zu fahren. Das Schiff lief rund 100 m vor der Westküste von Fuerteventura bei Playa de Garcey auf Grund und brach bald auseinander.

Innerhalb weniger Tage nach dem Schiffbruch soll die Hälfte der Inseleinwohner dem Liner einen Besuch abgestattet und bei der Gelegenheit ein »Andenken« mitgenommen haben. Doch kaum jemand ging so weit wie der Besitzer des Café El Naufragio – er demontierte die kompletten Kabinen – sie können nun in Puerto del Rosario (► 75) bestaunt werden. Zu Tode kam bei dem Schiffbruch damals niemand, in der Folgezeit sind jedoch acht tödliche Unfälle passiert. Unter anderem wurde ein Mann von der Strömung an der Bruchstelle in die Tiefe gezogen, als er zum Wrack schwamm.

Oben links: Gemälde der SS American Star. Unten: Im Café Naufragio in Puerto del Rosario kann man sich die alten Schiffskabinen und Schilder anschauen

MEIN FUERTEVENTURA

Fuerteventura pflegt seinen ganz individuellen, gelassenen Lebensstil. Zwei »Ausländer«, die mit großem Erfolg hier im Tourismusgeschäft tätig sind, berichten von ihren Erfahrungen, außerdem ein echter *majorero*, der es sich in den Kopf gesetzt hat, den Charakter der Insel zu bewahren.

TIERE, DIE BEZAUBERN

Vor wenigen Jahren war María Lazaga Romero noch eine erfolgreiche Rechtsanwältin in ihrer Heimatstadt Las Palmas auf Gran Canaria, gab ihren Beruf dann aber auf, um den La Lajita Oasis Park (➤ 93ff) in einer abgelegenen Gegend von Fuerteventura zu managen. Die Fortschritte, die der Park unter ihrer Leitung gemacht hat, sind beachtlich. Er zählt zu den größten Touristenattraktionen der Kanaren.

WILDE WELLEN

Ben Thomas (Bild) stammt ebenfalls aus Gran Canaria und ist der geborene Surfer. Er zog 1985 nach Fuerteventura und ist nun der Chef des Flag Beach Windsurf und Kitesurf Centre, des größten Unternehmens in Sachen Wassersport im Norden der Insel (➤ 64). Heute hat Ben bis zu neun Angestellte, die ein internationales, mehrsprachiges Team bilden.

Einheimische und Ausländer sind mit Erfolg in den Tourismus eingesteigen

MEIN LAND, MEINE HEIMAT

Tintín Martínez ist der Präsident der Umweltorganisation Mahoh, was so viel bedeutet wie »mein Land, meine Heimat«. Die Bewegung wurde Anfang der 1980er-Jahre ins Leben gerufen – eine Reaktion auf die Bauvorhaben in den Sanddünen von Corralejo. Nach Protesten von Mahoh wurden die Dünen schließlich zum Naturpark erklärt. Seitdem wurden 13 weitere Naturschutzgebiete ausgewiesen. »Vor 20 Jahren habe ich mich nicht gegen sensible Baumaßnahmen gewehrt, aber heute setze ich mich für den totalen Stopp ein. Wir müssen aus den Fehlern lernen, die wir an der Küste begangen haben.« Tintíns kleines Hotel Rural Mahoh (➤ 62) ist das beste Beispiel – es passt perfekt in die Landschaft.

Erster Überblick

Ankunft	36
Unterwegs auf Fuerteventura	37
Übernachten	38
Essen und Trinken	40
Einkaufen	41
Ausgehen	42

Ankunft

Flughafen Fuerteventura

- Der **Aeropuerto de Fuerteventura** liegt 5 km südlich von Puerto del Rosario an der Ostküste (Tel. 928 86 05 00, www.aena.es).
- Die wichtigsten **Autovermieter** haben gleich in der Ankunftshalle einen Schalter.
- Im Flughafen gibt es ein Café und einige Geschäfte, darunter auch ein Buchladen mit Landkarten von Fuerteventura.

Vom Flughafen in den Urlaubsort

- **Taxis** sind die schnellste, aber natürlich teuerste Lösung; sie fahren vor dem Flughafengebäude ab (Taxi-Rufnummer 928 85 54 32). Die offiziellen Preise sind an der Information bei der Gepäckausgabe angeschlagen.
- Es gibt mehrere in die Ferienorte fahrende **Busse**; sie halten vor dem Terminal. Bus 3 fährt nach Caleta de Fustes, Bus 10 nach Costa Calma und und Morro Jable. Wer nach Corralejo oder El Cotillo will, nimmt den Bus 1 oder 3 nach Puerto del Rosario und wechselt in den Bus 6 nach Corralejo bzw. Bus 7 nach El Cotillo. Bus 8 verbindet Corralejo mit El Cotillo.

Mietwagen am Flughafen

Die Mehrzahl der bekannten Autovermietungen unterhalten am Flughafen ein Büro. Doch auch in den größeren Urlaubsorten sind die Firmen mit Büros vertreten.

Ankunft/Abfahrt mit dem Schiff

Teneriffa und Gran Canaria

- **Passagier- und Autofähren** von Puerto del Rosario nach Gran Canaria (Las Palmas), von Morro Jable nach Las Palmas, von Morro de Jable nach Teneriffa (Santa Cruz), von Corralejo nach Lanzarote (Playa Blanca) werden von Naviera Armas (Tel. 902 45 65 00, www.naviera-armas.com) betrieben.

Lanzarote

- Passagiere aus Lanzarote (Playa Blanca oder Puerto del Carmen) kommen in Corralejo an und fahren auch von hier aus wieder nach Lanzarote ab.
- Fred Olsen (Tel. 902 10 01 07, www.fredolsen.es) und Naviera Armas (Tel. 902 45 65 00) fahren täglich im Zweistundenrhythmus von 7 Uhr (erstes Schiff von Playa Blanca) bis 20 Uhr (letztes Schiff nach Playa Blanca).

Touristeninformationen

In den meisten Touristeninformationen wird Deutsch und Englisch gesprochen. **Informations- und Kartenmaterial** ist ebenfalls auf Deutsch und Englisch erhältlich.

Flughafen

- Es gibt eine Touristeninformation am Flughafen in der **Ankunftshalle**. Mo–Sa 9–20, So 10–17 Uhr im Winter; Mo–Sa 9–19, So 11–16 Uhr im Sommer (Tel. 928 86 06 04).

Urlaubsorte

- **Corralejo**, Playa Muelle Chico, Avenida Maritima 2. Mo–Fr 8–15 Uhr; Sa, So 9–15; Juli–Sept. 8–14 Uhr (Tel. 928 86 62 35, www.corralejo-grandesplayas.com). **Caleta de Fuste**, CC Castillo Centro, Calle Juan Ramón Soto Morales; Mo–Fr 9–14 Uhr (Tel. 928 16 36 11). **Jandía Playa/Morro Jable**, CC Cosmo Local 88, Mo–Fr 8–15 Uhr (Tel. 928 54 07 76). In Morro Jable gibt es an der Uferpromenade gleich beim Strand drei Kioske; einer hat 10–13 Uhr, die anderen beiden haben 10 bis 15 Uhr geöffnet.
- Der **Patronato Insular de Turismo** (Touristenbehörde der Insel) hat sein Büro in Almirante Lallermand 1, Puerto del Rosario; Mo–Fr 8–15 Uhr, Juni–Sept. 8–14 Uhr (Tel. 928 53 08 44).
- Weitere Informationskioske: **Antigua**, Hauptplatz; Mo–Fr 10–14 Uhr (Tel. 928 16 32 86). **Betancuria** (neben der Kirche); Mo–Fr 10 bis 14.30 Uhr. **Gran Tarajal**, Avenida Paco Hierro, gleich bei der Haupt promenade; Mo–Fr 10–14.30, Sa 9–13 Uhr (Tel. 928 16 27 23).

Unterwegs auf Fuerteventura

Busse

Das Busunternehmen **Tiadhe** betreibt moderne und bequeme Busse (Tel. 928 85 57 26, www.maxoratabus.com). Die Verbindungen zwischen den Urlaubsorten und den verschiedenen Sehenswürdigkeiten sind allerdings unregelmäßig. An den Bushaltestellen und in den Touristeninformationen hängen Fahrpläne oder informieren Sie sich im Internet.

Taxis

- Taxis sind meistens weiß lackiert. Leuchtet das grüne Licht auf dem Dach, ist das Taxi frei.
- Innerhalb einer Ortschaft wird ein **Taxameter** eingeschaltet (ca. 53–60 Cent/km; tagsüber mind. 3,05 Euro, nachts mind. 3,35 Euro). Für Fahrten über Land muss der vereinbarte Fahrpreis **im Voraus** ausgehandelt werden.
- Als Richtlinie für den Preis kann die **Liste mit den Taxigebühren** im Flughafen (siehe oben) dienen.
- In den Ferienorten sowie in Puerto del Rosario gibt es Taxistände, man kann aber auch ein Taxi auf der Straße anhalten. Nachts empfiehlt es sich, vom Hotel aus ein Taxi zu bestellen.
- Taxi-Rufnummern: Corralejo: Tel. 928 86 61 08
  Morro Jable: Tel. 928 54 12 57

Auto

- Zur Inselerkundung braucht man einen Mietwagen (siehe unten). Insgesamt macht das Autofahren Spaß, denn es gibt **wenig Verkehr** und die Straßen sind in gutem Zustand. Achten Sie immer auf die Geschwindigkeitsbegrenzungen!
- Beachten Sie, dass die Straße meist 20 cm höher als der Bankettstreifen ist, sodass man beim Verlassen der Straße leicht den Unterboden des Wagens beschädigen kann.
- In den Bergen sind Aussichtspunkte (*miradores*) eingerichtet, von denen aus man gefahrlos das schöne Panorama genießen kann.

Mietwagen

- Internationale Mietwagenfirmen haben am Airport eine Niederlassung.
- Einheimische Firmen bieten oft günstigere Tarife. Wer im Voraus ein Auto buchen will, kann das über Holiday Autos (aus Deutschland: Tel. 01805 17 91 91, www.holidayautos.de) tun.
- Zum Mieten eines Autos benötigt man seinen Führerschein und eine Kreditkarte. Alle wichtigen Dokumente sollte man zusammen mit den Mietwagenunterlagen immer bei sich tragen.
- Wer Staubstraßen und Pisten befahren will, muss einen Jeep bzw. ein Fahrzeug mit Vierradantrieb mieten. Alle Firmen bieten diese an, man sollte allerdings wegen der beschränkten Anzahl im Voraus buchen. Wer mit einem normalen PKW ungeteerte und unbefestigte Straßen befährt und dabei das Fahrzeug beschädigt, verliert seinen Versicherungsschutz; manche Unternehmen stellen außerdem ein Bußgeld von etwa 120 Euro in Rechnung, wenn ein PKW abgeschleppt werden muss. Über diese Regelungen sollte man sich vor Abschluss des Vertrages informieren.
- Angesichts der Temperaturen empfiehlt sich ein Wagen mit Klimaanlage.

Grundsätzliches zum Autofahren

- Sicherheitsgurte sind Pflicht für Fahrer und alle Mitfahrenden.
- Die Promillegrenze liegt bei 0,5 und für alle, die ihren Führerschein weniger als zwei Jahre haben, bei 0,3.
- Die Geschwindigkeitsbegrenzung beträgt auf Landstraßen 90 km/h, in Ortschaften 40 km/h.
- In den Bergen sollte man vor engen, schlecht einsehbaren Kurven hupen.
- Benzin ist erheblich billiger als in Mitteleuropa und auf dem spanischen Festland. Es gibt aber weniger Tankstellen, weshalb man vor allem vor Fahrten in die Berge rechtzeitig tanken sollte. Die Mehrzahl der Tankstellen akzeptiert Kreditkarten.
- Es gibt kaum Probleme mit Autoeinbrüchen, dennoch sollte man Wertsachen lieber im Hotel lassen oder im Kofferraum uneinsehbar verwahren.
- In jeder Stadt und in jedem noch so kleinen Dorf gibt es Einbahnstraßen, die oftmals schlecht ausgeschildert sind.
- Blaue Linien kennzeichnen gebührenpflichtige Parkplätze; gelbe Linien markieren ein generelles Parkverbot.

Übernachten

Die meisten Hotelzimmer und Apartments werden über Reiseveranstalter angeboten. Wer auf eigene Faust unterwegs ist, wird eventuell Schwierigkeiten haben, eine passende Unterkunft zu finden. In der Regel herrscht auf Fuerteventura jedoch ein Überangebot, sodass selbst in der Hochsaison und in der Ferienzeit eine passable Auswahl zu vernünftigen Preisen zur Verfügung steht.

- Auf Fuerteventura wird immer wieder für Teilzeiteigentum geworben. Auf Grund der vielen Neubauten nimmt die Anzahl der kriminellen

Schlepper immer stärker zu. Seien Sie misstrauisch, wenn Sie auf der Straße angesprochen werden und man Ihnen kostenlose Ausflüge oder Gewinne anbietet. Meist handelt es sich um unseriöse Verkaufsstrategien von Maklern, die Grundbesitz verkaufen wollen. Unterschreiben Sie auf keinen Fall, bevor Sie Ihren Rechtsanwalt konsultiert haben, der in jedem Fall die Verträge prüfen sollte!

Hotels

- Alle Hotels sind mit einem bis zu fünf Sternen klassifiziert. In den Kategorien 3–5 Sterne sollten die Zimmer ein eigenes Bad haben.
- Die Hotels und Apartments in diesem Buch wurden auf Grund ihrer Qualität, ihres besonderen Flairs oder des guten Preis-Leistungs-Verhältnisses ausgewählt. In der Hochsaison (Ende Oktober bis April) schnellen die Preise generell in die Höhe. Eine zweite Hochsaison ist Ende Juli und August, wenn in Spanien sowie im übrigen Europa Schulferien sind. Wer kann, sollte auf die ruhigeren Monate Mai, Juni, Anfang Juli, September und Anfang Oktober ausweichen.

Apartments

- Apartments oder Ferienwohnungen werden mit einem bis drei Schlüsseln klassifiziert. Selbst das einfachste hat in der Regel ein Schlafzimmer, ein Bad, ein Wohnzimmer, eine kleine Küche und einen Balkon. Bettwäsche, Handtücher und der Zimmerservice sind meist im Preis inbegriffen. Fernseher, Wasserzubereiter und Toaster kann man gegen Gebühr mieten. Aparthotels sind Apartmentblocks mit allen Einrichtungen eines großen Hotels, z. B. Pool, Restaurant und Abendprogramm.
- Ferienwohnungen bucht man in der Regel von zu Hause aus, doch kann man auch einfach im jeweiligen Urlaubsort herumfragen und sich Verschiedenes ansehen.

Casas rurales

- *Casas rurales* sind Landhäuser und Bauernhöfe, die zu Ferienwohnungen oder Zimmern umgestaltet wurden und nun vermietet werden. Sie sind nicht übermäßig groß (max. 6 Personen) und liegen außerhalb der Ferienorte, man braucht also in der Regel ein Auto. Die Häuser sind rustikal eingerichtet, haben Stein- oder Holzböden und bieten ein gutes Preis-Leistungs-Verhältnis. Klimaanlage und andere moderne Annehmlichkeiten sollte man allerdings nicht erwarten.
  Wer auf etwas mehr Komfort Wert legt, sollte in eines der *Hoteles rurales* gehen, die meist etwas komfortabler ausgestattet sind (www.ecoturismocanarias.com).

Hotelpreise

Preise für ein Doppelzimmer oder ein Apartement mit einem Zimmer in der Hochsaison. Bei größeren Hotels können sie in der Regel heruntergehandelt werden.

€ unter 60 Euro
€€ 60–90 Euro
€€€ 90–120 Euro
€€€€ über 120 Euro

Essen und Trinken

Die meisten Restaurants auf Fuerteventura bieten kanarische Küche (➤ 22ff) sowie Steaks, Meeresfrüchte und traditionelle spanische Speisen. Frischen Fisch bekommt man generell überall.

Was man wo essen kann

- Ferienorte wie Corralejo, Morro Jable, Jandía Playa und Caleta de Fuste bieten eine große Auswahl, die von Wiener Schnitzel über Hamburger und Pizza bis hin zu einheimischen Gerichten reicht.
- Viele Lokale und Restaurants bieten Tapas an – kleine Köstlichkeiten, die man als Vorspeise oder für den kleinen Hunger wählt. Statt einer Hauptmahlzeit kann man auch mehrere Tapas bestellen und wird davon sicher satt.

Beliebte Tapas (➤ 22f)

Albóndigas: Fleischbällchen
Croquetas: Kroketten, oft mit Püree oder Kabeljau gefüllt
Gambas: Garnelen
Pimientos: Paprika mit unterschiedlicher Füllung
Pulpo: Tintenfisch
Tortilla: Omelett, in der Grundform mit Kartoffeln
Champiñónes: gebratene Champignons mit Knoblauch

Restaurantbesuch

- Das Mittagessen wird meist zwischen 13 und 16 Uhr, das Abendessen zwischen 20 und 23 Uhr eingenommen. Viele Restaurants haben ganztägig geöffnet und sind auf mitteleuropäische Essenszeiten eingestellt.
- Einige Restaurants offerieren vor allem mittags ein *menú del día* (**Tagesmenü**) zu einem Festpreis.
- Die **Bedienung** ist gesetzlich im Preis inbegriffen; Brot, Oliven und andere Kleinigkeiten, die unaufgefordert auf den Tisch gestellt werden, dürfen jedoch extra berechnet werden. Wer diese nicht wünscht, sollte sie dankend ablehnen. Wer mit dem Service zufrieden ist, gibt ein Trinkgeld von 5–10 Prozent. In einer Bar lässt man das Wechselgeld auf dem Tresen liegen.
- Die Bedienungen in lokalen Bars wirken auf westeuropäische Touristen manchmal fast unhöflich, während Einheimische den Umgang für ganz normal halten.
- Eine **Reservierung** ist selten notwendig, die Ausnahme bilden die sehr schicken und beliebten Restaurants (im Kapitel »Wohin zum …« wird jeweils darauf hingewiesen). Am Samstagmittag und Sonntagabend empfiehlt es sich generell, einen Tisch zu buchen.
- Preise: Von einigen Ausnahmen abgesehen, besteht keine größere Preisdifferenz für gleiche Gerichte in unterschiedlichen Lokalen. Es ist kein Problem, nur Vorspeisen, aber kein Hauptgericht zu bestellen oder eine Vorspeise für zwei Personen zu ordern.
- Als **Kinderteller** werden häufig Fastfood oder internationale Gerichte angeboten. Wer für seine Kinder die typisch kanarischen Gerichte bevorzugt, bittet um die kleine Portion (*porción pequeña*) eines normalen Gerichts.

Getränke

- **Mineralwasser** ist überall erhältlich, man unterscheidet *agua sin gas* (stilles Mineralwasser) und *agua con gas* (mit Kohlensäure).
- **Kaffee** wird als *café solo* (schwarzer Kaffee, etwa Espresso) oder *café con leche* (mit Milch) gereicht. Meist handelt es sich um geschäumte Milch wie bei einem Cappuccino, manchmal wird aber auch einfach warme oder gar kalte Milch zugegossen. Auch Nescafé findet sich auf der Karte. Ein Carajillo ist ein schwarzer Kaffee mit einem Schuss Brandy – die Einheimischen trinken ihn gerne nach dem Essen.
- Auf Fuerteventura selbst wird so gut wie kein **Wein** angebaut. Der bekannteste Wein der Kanaren ist der Malvesia (süß oder trocken), der auf Lanzarote angebaut wird. In den Restaurants stehen vorzügliche Weine vom spanischen Festland auf der Karte.
- Unter den **Spirituosen** stehen Ron (Rum) und der Likör Ronmiel (Rum mit Honig) ganz oben auf der Beliebtheitsskala.
- Viele Restaurants bedanken sich nach dem Essen mit einem Gläschen Likör bei ihren Gästen.

Preise für ein Essen ohne Getränke:

€ unter 15 Euro
€€ 15–25 Euro
€€€ über 25 Euro

Einkaufen

Trotz Spaniens Beitritt zur Europäischen Union konnten sich die Kanaren ihren Sonderstatus als Freihandelszone bewahren, d.h. die Importzölle sind niedrig und die lokale Verbrauchssteuer (IGIC) beträgt nur 7 Prozent. Viele Produkte des täglichen Bedarfs, auch Alkohol, Tabak, Parfüm, Schmuck und Elektroartikel sind somit preiswerter als im übrigen Europa.

Zoll

Weil die Kanaren einen Sonderstatus genießen, ist der Export von Waren für den Eigenbedarf streng begrenzt. Ausgeführt werden dürfen nur ein Liter Spirituosen, zwei Liter Wein und 200 Zigaretten oder 50 Zigarren in die EU-Länder.

Gute Einkaufsmöglichkeiten

- Die Mehrzahl der Geschäfte findet sich in Corralejo und Jandía Playa, wobei die Auswahl aber dennoch begrenzt ist. Neben Läden mit Kunsthandwerk von den Kanaren (siehe unten) gibt es Dutzende Sportgeschäfte mit Surfartikeln, Parfümerien und Juweliere mit Duty-free-Preisen. Elektrogeschäfte bieten Uhren, Fotoapparate und Hightech-Produkte an, sie werden meist von Asiaten betrieben, die auch das Handeln akzeptieren.

Öffnungszeiten

- Die Mehrzahl der Geschäfte ist Montag bis Samstag von 9.30/10 Uhr bis 13.30 Uhr und von 16.30/17 Uhr bis 20 Uhr geöffnet. In Corralejo und Jandía Playa haben viele Läden bis etwa 22 Uhr offen.
- Für Einkäufe in letzter Minute: In der Abflughalle am Flughafen gibt es eine Reihe guter Geschäfte.

Klassiker von den Kanarischen Inseln

- Es gibt staatlich anerkannte ***artesanías*** (Läden mit typischem Kunsthandwerk) in Betancuria, El Molino de Antigua, im Ecomuseo de la Alcogida und am Flughafen. Alles ist von Hand gemacht.
- Zu den auf Fuerteventura produzierten Artikeln gehören **Korbwaren**, bestickte **Spitzen**, **Töpferwaren** und **Aloe-Vera-Produkte**.
- Beliebte Mitbringsel sind auch die *Mojo*-Soßen, Käse und Wein (meist aus Lanzarote) sowie **Zigarren** im kubanischen Stil. Sie kommen aus La Palma und sind fast überall erhältlich.

Typische Souvenirs aus Fuerteventura

- Accessoires mit der Ziege, dem Wahrzeichen der Insel
- T-Shirts mit den berühmten stilisierten Fußtritten
- Aloe-Vera-Produkte (unbedingt Herkunftsort überprüfen!)
- Handgemachte Töpfereiwaren mit Ethno-Mustern
- Holz- oder Tonstempel (*pintadera*)

Märkte

- Touristenmärkte werden wöchentlich an verschiedenen Orten abgehalten (Corralejo Montag und Freitag 9–13 Uhr, Caleta de Fuste am Samstag, Jandía Playa am Donnerstag). Verkauft werden Lederartikel, Kleidung, Leinen, Spitze, Stickerei und Keramik. Wer handelt, kann einen guten Preis erzielen.

Ausgehen

Karneval und kirchliche Feste werden groß gefeiert. Ein ausgedehntes Nachtleben beschränkt sich vor allem auf die touristischen Orte. Action und fun versprechen auch die sportlichen Aktivitäten.

Festivals und Folklore

- **Fiestas** fallen auf Fuerteventura nicht ganz so großartig wie auf den anderen Kanarischen Inseln aus, doch auch hier wird **Carnaval** (➤ 19f) gefeiert.

Bars und Clubs

- Am turbulentesten ist das Nachtleben in Corralejo mit seinem »Musikplatz« und dem CC Atlántico. Außerdem gibt es dort einige gute Nachtlokale. Caleta de Fuste und Jandía Playa können ebenfalls mit Musikbars aufwarten.

Sport

- Fuerteventura bietet exzellente Bedingungen für Wassersportler, die **Surf- und Kiteboard-Reviere** zählen zu den besten der Welt (➤ 16f).
- **Wellenreiten** ist ebenfalls sehr beliebt, vor allem an den Stränden um Corralejo und El Cotillo (➤ 17).
- **Taucher** finden auf Fuerteventura anerkannte Tauchbasen (➤ 31).
- Caleta de Fuste kann mit zwei 18-Loch-**Golfplätzen** samt zugehörigem Golfhotel aufwarten, einen dritten 18-Loch-Parcours gibt es in Las Playitas.

Der Norden

Erste Orientierung	44
In vier Tagen	46
TOP 10	48
Nach Lust und Laune!	55
Wohin zum …	58

Kleine Erlebnisse

Schöne Aussichten

Von der **Aussichtsplattform des Faro de Tostón** nördlich von El Cotillo (➤ 55) geht der Blick bis nach Lanzarote hinüber.

Kleine Wanderung

An der Straße zwischen Tindaya (➤ 57) und La Matilla führt ein markierter Pfad zur **Fuente del Risco** hinauf.

Koloniale Dachterrasse

In **La Oliva** sollten Sie in der Casa de los Coroneles (➤ 53) unbedingt auf das Dach hinaufsteigen.

Erste Orientierung

Die Entfernung zwischen Corralejo und Afrika beträgt gerade einmal 100 km. Oft heißt es, Fuerteventura sei »von der Sahara abgesplittert«. Lässt man seinen Blick über die blendend weißen Sanddünen von Corralejo schweifen, erscheint diese Beschreibung gar nicht so abwegig. Fährt man jedoch ein Stück landeinwärts, geht der weiße Sand schnell in eine zerklüftete schwarze Felslandschaft über: Hier waren vor 8000 Jahren noch Vulkane aktiv.

Ein gut ausgeschilderter Wanderweg führt auf einsamen Pfaden ins Herz dieser vulkanischen Ödnis, die die Einheimischen *Malpaís* – schlechtes Land – nennen. Doch trotz dieser augenscheinlichen Kargheit ist im Norden der Insel touristisch viel los. Wer also Ruhe und Beschaulichkeit auf der Insel sucht, sollte Corralejo auf jeden Fall meiden. Der Ort bietet zwar durchaus schöne Strände und eine Riesenauswahl an Lokalen, doch ist der neue Stadtteil modern, laut und ohne Flair.

Wer die Atmosphäre einer verlassenen, einsamen Insel sucht, sollte auf die Isla de Lobos fahren. Lajares und Villaverde wiederum sind unberührte Dörfer im Hinterland des Nordens. El Cotillo an der Nordwestküste bietet schöne Strände und die verschiedensten Wassersportaktivitäten. Noch herrscht hier eine ländliche, etwas verschlafene Stimmung. La Oliva ist ein ruhiges Verwaltungszentrum mit einigen interessanten historischen und kulturellen Sehenswürdigkeiten. Weiter südlich bietet die Montaña Tindaya, der heilige Berg der Guanchen, einen ersten Vorgeschmack auf das Landesinnere.

Strandtag auf der Isla de Lobos

TOP 10

4 Isla de Lobos ➤ 48
5 Corralejo ➤ 50
6 La Olivia ➤ 53

Nach Lust und Laune!

11 El Cotillo ➤ 55
12 Lajares ➤ 56
13 Villaverde ➤ 56
14 Montaña Tindaya ➤ 57

In vier Tagen

Dieser Routenvorschlag ist eine Möglichkeit, wie Sie einige der interessantesten Sehenswürdigkeiten im Norden von Fuerteventura an vier Tagen besichtigen können. Die einzelnen Highlights werden auf den folgenden Seiten näher beschrieben.

Erster Tag

Vormittags

Fahren Sie zu den Dünen von 5 **Corralejo** (➤ 50), eine der größten Attraktionen der ganzen Insel. Auf der gegenüberliegenden Straßenseite liegt der Flag Beach, dort können Sie im Flag Beach Centre (➤ 16ff) verschiedenen Wassersportarten frönen. Wer schon Hunger hat, kehrt in der Strandbar ein oder fährt zum Mittagessen nach Villaverde.

Nachmittags

In 13 **Villaverde** (➤ 56f) haben Sie die Wahl zwischen zwei hervorragenden Landgasthöfen: El Horno und Hotel Rural Mahoh. Nach dem Essen können Sie die Cueva del Llanos besichtigen (➤ 56).

Zweiter Tag

Vormittags

Fahren Sie nach 6 **La Oliva**, um dort das Centro de Arte Canario (➤ 53f) zu besuchen. Dann besuchen Sie die Kirche, die Casa de los Coroneles und die Casa del Capellán (➤ 53f); letztere kann nur von außen besichtigt werden. Lohnenswert ist auch das Museo del Grano La Cilla (➤ 54). Fahren Sie nun mit dem Auto zur Hauptstraße zurück und weiter nach 11 **El Cotillo** (➤ 55), wo Sie im El Veril, im Azzuro oder in der Strandbar Torino (➤ 59) für ein Mittagessen einkehren können.

Nachmittags

Verbringen Sie den Nachmittag an den Stränden der Playa de Lagos. Schlendern Sie zum **Torre de Tostón** (➤ 55). Ein Abendessen an der Mole des Puerto Viejo (➤ 55) ist der perfekte Ausklang des Tages.

Dritter Tag

Genießen Sie früh am Morgen das rege Treiben im Hafen von **Corralejo** (Abb. oben). Frühstücken Sie im Café La Olá (➤ 58f) und nehmen Sie um 10 Uhr die Fähre zur 4 **Isla de Lobos** (➤ 48). Planen Sie den ganzen Tag zur Erkundung der Insel und für ein ruhiges Sonnenbad ein. Wenn Sie mit der Fähre um 16 oder 18 Uhr zurückfahren, bleibt sogar noch ausreichend Zeit für einen Einkaufsbummel in Corralejo.

Vierter Tag

Vormittags

Wandern Sie von Lajares auf dem **Sendero de Bayuyo** (➤ 142), durch die Vulkanlandschaft des Nordens. Wieder in 12 **Lajares** (➤ 56f), stöbern Sie an den Ständen mit Kunsthandwerk. Anschließend gönnen Sie sich im El Arco (➤ 60) ein Mittagessen, oder fahren Sie nach **El Cotillo** (Abb. links), um dort im El Veril oder im Azurro (➤ 59) einzukehren.

Nachmittags

Unterbrechen Sie einmal das Strandleben in El Cotillo und fahren Sie über La Oliva weiter nach Süden, um die zauberhafte 14 **Montaña Tindaya** (➤ 57) kennen zu lernen. Eine landschaftlich schöne Strecke führt über die FV10 durch La Matilla und Tetir nach Puerto del Rosario. Folgen Sie anschließend der Beschilderung nach **Corralejo** (33 km).

4 Isla de Lobos

Alles auf der Isla de Lobos scheint sich durch eine Verkleinerungsform zu charakterisieren: *las lagunitas* – die kleinen Lagunen; *los hornitos* – die kleinen Vulkane; *el Puertito* – der (baufällige) kleine Hafen. Somit liegt es nahe, hinzuzufügen, dass dieser Tagesausflug zu den schönsten der Insel zählt. Da es so gut wie keine touristischen Einrichtungen gibt, präsentiert sich Lobos noch als Insel von großer Ursprünglichkeit.

Zwei Boote fahren zur Isla de Lobos, eines ist ein Glasboden-Katamaran.

Isla de Lobos ist 4,4 km² groß – man kann sie in nicht einmal zwei Stunden komplett umrunden. Unser Rundwanderweg (► 138) dauert etwa drei Stunden und führt zu allen Sehenswürdigkeiten der Insel. Ihr Name – »Löweninsel« – geht auf eine Seelöwenkolonie (*lobos marineros*) zurück. Früher lebten hier Mönchsrobben, die jedoch schon lange verschwunden sind. Den Aufzeichnungen des Forschers und Konquistadors Gadifer de la Salle (die Nummer zwei nach Jean de Béthencourt, ► 13ff) zufolge sollen er und seine Leute 1402 dem Hungertod entronnen sein, weil sie sich vom Fleisch eben dieser Seelöwen ernährten. Béthencourt erbaute auf der Insel eine Einsiedelei; in den folgenden Jahrhunderten wurde die Insel als Standort von Piraten und für den Sklavenhandel genutzt. Heute ist der einzige hier ansässige Einwohner Antonio, der ehemalige Leuchtturmwärter, der im halb verfallenen Weiler El Puertito ein einfaches Lokal betreibt. Der Leuchtturm ist noch in Betrieb, funktioniert aber nun vollautomatisch.

Anreise

Drei Schiffe fahren täglich von Corralejo nach Lobos; Die Isla de Lobos (Tel. 699 68 72 94, www.islalobos.es) legt

BAEDEKER TIPP

An windigen Tagen sollte man auf den Ausflug verzichten. Um die Mittagszeit geht es in El Puertito hoch her. Aus dem Lokal Antonio dringt der Duft von frischem Fisch. Die Bucht vor dem Lokal eignet sich zum Schwimmen, auch Taucher beginnen hier ihren Ausflug.

Blick auf den Inselvulkan von der Playa de la Caleta aus. Der Strand eignet sich auch für Kinder.

um 10 und 12 ab und kehrt um 12.15 und 16 Uhr zurück. Der Glasboden-Katamaran Celia Cruz legt um 9.45 Uhr ab und kehrt um 14.20 und 18 Uhr zurück (Okt.–Mai 17.15 Uhr; Mobil: 646 53 10 68, www.fuerteventura.net/celia cruz). Die El Majorero (Tel. 616 98 69 82, www.navie anor tour.es) legt um 10 und 12 Uhr ab und kehrt um 12.30 und 16 Uhr zurück.

Wer vorhat, einen Spaziergang zu machen, ein Sonnenbad zu nehmen und im Restaurant auf der Insel zu essen, sollte sich für die Celia Cruz entscheiden, die den längsten Inselaufenthalt anbietet. Für alle, die die Insel vom Meer aus genießen möchten, bietet die Celia Cruz eine einstündige Inselrundfahrt an.

Unterwegs auf der Isla de Lobos

Gleich nach dem Aussteigen aus dem Schiff beginnt ein ausgeschilderter Weg. Wer die einzige Siedlung der Insel, El Puertito, besichtigen will, wendet sich zunächst nach rechts (7 Min.), wer erst einmal den herrlichen Strand Playa la Concha (auch: Playa de la Calera) besuchen möchte, geht nach links (6 Min.). Wanderer freuen sich über den Weg rund um die Insel; der entfernteste Punkt ist der Leuchtturm (Faro), ihn erreicht man in rund 50 Minuten, wenn man Richtung Norden läuft.

KLEINE PAUSE

Wer im Insellokal essen möchte, sollte sofort nach der Ankunft einen Tisch vorbestellen (► 140).

---

163 F5

Centro des Visitantes Isla de Lobos
Muelle tägl. 10.30–15 Uhr

5 Corralejo

Der größte Urlaubsort auf Fuerteventura hat eine treue Fangemeinde – vor allem Deutsche und Briten. Die Stadt teilt sich in den alten Hafen und den eigentlichen neuen Ferienort, eine Fußgängerzone trennt das alte vom neuen Corralejo. Der alte Fischerhafen hat sich inzwischen zu einem geschäftigen Hafen entwickelt: Hier legen die Fährschiffe nach Lanzarote und zur Isla de Lobos ab, hier ankern Hochseeangleryachten neben Katamaranen und Fischerbooten.

Corralejos Altstadt erstreckt sich um die Fußgängerzone und hat malerische Plätze und Gassen. Viele der kleinen Straßen führen zur Uferpromenade, wo hübsche Restaurants und Lokale zur Einkehr locken. Nachts geht es am »Musikplatz«, einem winzigen, von Restaurants gesäumten Geviert, hoch her. Restaurantbesitzer versuchen, die Gäste an ihre Tische zu locken, auf einer kleinen Bühne begleiten die Musiker das Abendessen. Wer ein spanisches, auch von den Einheimischen besuchtes Lokal sucht und Lust auf ein paar nette Geschäfte hat, der geht ein oder zwei Blocks weiter in Richtung Hafen, z. B. in die Calle de la Ballena.

Das moderne Corralejo erstreckt sich zu beiden Seiten der Avenida Nuestra Señora del Carmen. Am attraktiven Boulevard liegen mehrere Einkaufszentren, doch sollte man dort keine Designer-Kleidung erwarten. Wer jedoch Spielsalons, Billigläden und preiswerte Lokale sowie ein paar irische Bars sucht, ist hier genau richtig.

Wasserpark Baku

Diese Touristenattraktion im Norden der Insel begann als Vergnügungspark mit acht Wasserrutschen. Mittlerweile ist sie um zwei weitere Attraktionen erweitert worden: um ei-

Corralejo ist eines der großen Touristenzentren der Insel, wie das Angebot an Restaurants und Bars zeigt

Es gibt viel zu entdecken, auch moderne Architektur

nen Tierpark mit Streichelzoo, Seelöwen (Besucher können gegen zusätzliche Gebühr sogar in das Seelöwenbecken eintauchen) und einer Papagei-Show, sowie ein Spukhaus mit lebendigen »Geistern«. Weitere Sensationen für die ganze Familie sind ein Zauberschloss, eine Seilbahn, Paintball, eine Kletterwand, Minigolf, Bowling und Bingo. Es gibt ein brasilianisches Restaurant mit Shows am Freitag Abend und jeden Montag und Freitag einen Markt mit kanarischem und afrikanischem Kunsthandwerk.

Die Strände

Der Stadtstrand im Zentrum am Hafen ist am schnellsten erreicht – entsprechend voll ist er in der Hauptsaison und am Wochenende. Auch ist er nicht immer so sauber, wie man es sich wünschen würde. Ein Besuch lohnt sich dennoch, denn hier stehen meist einfallsreiche und zum Teil richtiggehend kunstvolle Sandskulpturen. Wandert man vom Hafen ostwärts, stößt man bald auf einen schmalen Strand. Schön ist auch der Strandabschnitt Playa Galera vor dem Hotel Corralejo Beach.

Die schönsten Strände beginnen jedoch rund 500 m östlich der Playa Galera und sind insgesamt 7 km lang. Wer will, kann von der Neustadt aus mühelos dorthin laufen. Wenn Sie am Hafen geparkt haben, sind Sie mit dem

BAEDEKER TIPP

- Wer am zweiten Wochenende im Oktober da ist, sollte sich das **Drachenfestival** in den Dünen anschauen.
- An der Avenida Fuerteventura, der Hauptstraße zu den Dünen und Stränden, sollte man auf die malerische **Villa Tabaiba Galeria de Arte** achten (neben einem Apartmentblock mit einem irischen Pub). Sie ist in Privatbesitz und nur unregelmäßig geöffnet (meist hat man nachmittags Glück). Doch selbst wenn sie verschlossen ist, lohnt es sich anzuhalten, um einen Blick in den Garten mit seiner exzentrischen Sammlung von Kunstwerken im Stil von Salvador Dalí und Juan Miró zu werfen.

Dünenlandschaft im unberührten Parque Natural de Corralejo

Auto über die Hauptstraße (Achtung, Einbahnstraßen!) in einem Katzensprung dort.

Flag Beach heißt der Hauptstrand, der nächste Abschnitt vor den beiden Riu Hotels trägt den Namen Glass Beach. Windsurfer und Kitesurfer finden an beiden Stränden gute Bedingungen vor, noch besser geht es allerdings westlich vom Aparthotel Bristol Playa, dort fehlt allerdings der Sand. Eines haben alle Strände gemeinsam: den Blick über das Meer nach Isla de Lobos und Lanzarote.

Parque Natural de Corralejo

Die weißen Sanddünen von Corralejo erstrecken sich über 27 km². Das gesamte Areal wurde 1982 zum Naturpark erklärt – zu spät jedoch, um noch den Bau der beiden Hotels zu verhindern. Zumindest wurden weitere Versuche, diese herrliche Naturlandschaft touristisch zu nutzen, vereitelt. Wer wenige Minuten von der Straße wegwandert, glaubt sich ohne Verkehrslärm und Hotels in eine andere Welt versetzt. Die einzigen Lebewesen, die man hier sieht, sind Ziegen – und hin und wieder ein FKK-Anhänger.

KLEINE PAUSE

Wem der Sinn nach einem Kaffee oder etwas zu essen steht, kommt im **Antiguo Café del Puerto** (► 58) den ganzen Tag auf seine Kosten.

---

163 E5

Wasserpark Baku

163 E5

Avenida Nuestra Señora del Carmen

928 86 72 27, www.bakufuerteventura.com

tägl. 10–17 (in der Hochsaison länger)

25 €

6 La Oliva

Auch wenn der Ort das Verwaltungszentrum des Nordens ist, wirkt La Oliva doch mehr wie ein Dorf und bisweilen sogar wie eine Geisterstadt. Doch der Ort hat eine interessante Geschichte und einige ungewöhnliche Sehenswürdigkeiten zu bieten.

La Oliva war einst die Schaltzentrale der Macht auf Fuerteventura. Der Guanchen-König Guize (➤ 14) herrschte von hier aus über sein Nordreich. Nach der Eroberung war La Oliva eine der ersten Städte, die von Europäern besiedelt wurden. Die Iglesia de Nuestra Señora de la Candelaria wurde 1711 errichtet. Das markanteste Merkmal dieser dreischiffigen Kirche ist ihr Glockenturm aus schwarzer Lava. Versäumen Sie nicht den Blick auf die Kanzel in der Form eines Weinglases sowie auf den Seitenaltar, der mit einem passenden Muster verziert ist. Ein Gemälde zeigt Christus als Weltenherrscher (1732).

Casa de los Coroneles

Im 18. Jahrhundert war La Oliva der Sitz der Militärgouverneure (Los Coroneles) und zeitweise de facto die Hauptstadt Fuerteventuras. Die unliebsamen Machthaber herrschten hier bis 1859, ihr Amtssitz war die großartige Casa de los Coroneles, ein weitläufiges von Zinnen bekröntes festungsartiges Anwesen, das 1650 im Kolonialstil erbaut wurde. Es gehört heute zu den historisch interessantesten Gebäuden der Insel. Früher wurde fälschlicherweise behauptet, dass das um einen zentralen Innenhof arrangierte Haus 365 Fenster habe, für jeden Tag des Jahres eines. Nach der Ablösung der Militärherrscher verfiel die Casa de los Coroneles zunehmend, bis es nach langjährigem Leerstand in den 1990er Jahren von der Regierung gekauft und umfassend restauriert und 2006 vom spanischen Königspaar feierlich wiedereröffnet wurde. Heute dient es als Kulturzentrum und Kunstgalerie (geöffnet Di–Sa 10–18 Uhr, 3 Euro).

Blick in die Iglesia de Nuestra Señora de la Candelaria

Centro de Arte Canario (CAC)

Die modern gestalteten Räumlichkeiten sind der kanarischen Kunst gewidmet. Es herrscht eine eigentümliche Stimmung, zu der wohl auch die im Hintergrund laufende beruhigende New-Age-Musik beiträgt. Das Gebäude erreicht man nach Durchqueren eines großen Kakteengartens mit sehenswerten Skulpturen. Einige der interessan-

ten und auch witzigen Exponate spielen auf die Flora, Fauna und die alte Geschichte der Insel an. Das Herzstück ist die Casa Mané, ein Gebäude aus dem 19. Jh. mit Gemälden von César Manrique (➤ 108).

Kunstschätze im Centro de Arte Canario

Museo del Grano La Cilla

Eine cilla ist ein der Kirche gehörender Getreidespeicher – dieser hier stammt aus dem Jahr 1819. Früher diente er der Aufbewahrung von Weizen, Gerste, Roggen, Hülsenfrüchten und einigen Obstsorten. Heute ist hier eine kleine Ausstellung untergebracht – Fotos und landwirtschaftliche Geräte zeigen, wie bis in die 1940er-Jahre Ackerbau von Hand sowie mit Eseln und Kamelen betrieben wurde (derzeit geschlossen).

KLEINE PAUSE

In La Oliva sind gute Cafés oder Restaurants rar. Eine akzeptable Adresse ist das Restaurant **Hijos de Suarez** gegenüber der Pfarrkirche (➤ 60).

---

163 D3

Centro de Arte Canario (CAC)
163 D3 Calle Salvador Manrique de Lara (gegenüber Casa de los Coroneles) 928 85 11 28 Mo–Sa 10.00–17 Uhr 4 €

Museo del Grano La Cilla
163 D3 Carretera El Cotillo 928 86 87 28 derzeit geschlossen

BAEDEKER TIPP

- Ein Muss! Das Dorf erwacht am 2. Februar zum Leben, wenn die viertägige **Fiesta de Nuestra Señora de la Candelaria** stattfindet.
- Die **Casa del Capellán** (Haus des Kaplans) steht, von verfallenen kleineren Gebäuden umgeben, in einem Feld rund 100 m rechts der Straße, die zur Casa de Coroneles führt. Auch wenn sie recht verkommen wirkt, lohnt ein Blick auf die schönen Steinmetzarbeiten rund um die Tür dieses bescheidenen, 200 Jahre alten eingeschossigen Hauses. Sie erinnern an das berühmte Portal der Kirche von Pájara (➤ 78), dem ein aztekischer Einfluss nachgesagt wird.
- Für 1 Euro wird die Iglesia de Nuestra Señora de la Candelaria **beleuchtet**.

Nach Lust und Laune!

11 El Cotillo

Auf den ersten Blick hat so mancher vielleicht den Eindruck, dass es hier nicht viel gibt, das einen hält. Doch dieser Eindruck täuscht, denn in El Cotillo finden sich sehr schöne Strände und einige gute Fischlokale (➤ 59). Viele kommen extra zum Sonnenuntergang, der hier besonders eindrucksvoll ist, nach El Cotillo. Die restaurierte **Fortaleza (Torre del Tostón)** wurde 1740 errichtet, um englische, maurische und arabische Piraten abzuschrecken. Sie beherbergt heute die Touristeninformation. Auch wenn es anstrengend erscheint: Steigen Sie die Treppe hoch – die schöne Aussicht über den **Puerto Nuevo** (neuer Hafen), in dem Fischerboote im Schutz eines Vulkanfelsens dümpeln, lohnt die Anstrengung. Im pechschwarzen **Puerto Viejo** (alter Hafen) in der nächsten Bucht liegen in der Regel keine Boote.

DIE KRAFT DES MEERES

Das Restaurant El Veril am alten Hafen von El Cotillo präsentiert das Werk des Insel-Fotografen Jo Hammer. Zu seinen beeindruckendsten Bildern zählen die Sturmaufnahmen. Bei manchen dieser Stürme schlugen über 10 m hohe Wellen an die Uferbefestigungen von El Cotillo. Wer will, kann eine Auswahl der Fotos als Drucke kaufen.

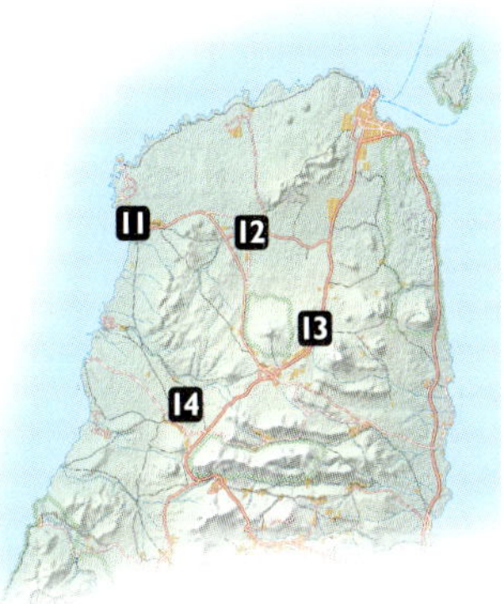

Fischerboote im Hafen von El Cotillo, im Hintergrund die Torre del Tostón

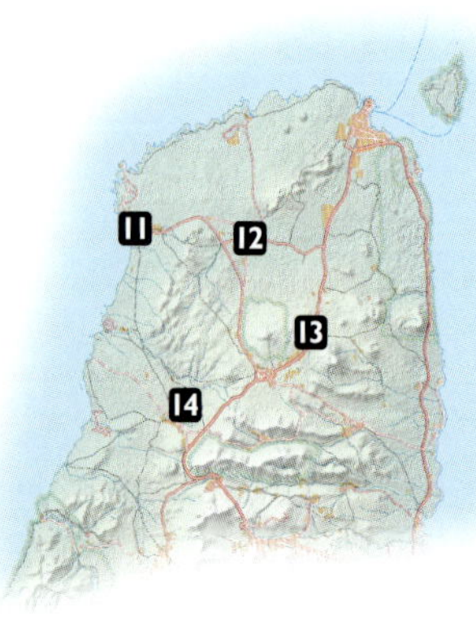

Südlich der Ortschaft gehört die Playa del Castillo zu den schönsten Stränden Fuerteventuras, ist wegen der meist starken Brandung jedoch eher etwas zum Surfen als zum Schwimmen. Familienfreundlich ist dagegen die **Playa de los Lagos** nördlich von El Cotillo.
162 C4

Torre del Tostón
El Tostón

12 Lajares

Das kleine Straßendorf war lange ein beliebter Halt bei Surfern auf dem Weg nach El Cotillo. In den letzten Jahren entdeckten Immobilienkäufer aus dem Ausland das Dorf. Bekannt wurde das Dorf wegen der hiesigen Schule für Sticke-

Lajares ist für seine Schule für Stickerei bekannt

rei. Diese ist heute einem Laden mit Kunstgewerbeartikeln (➤ 63) angeschlossen. In der Nähe der Kirche im Süden von Lajares stehen zwei schön restaurierte Windmühlen. Das Dorf ist Startpunkt des Wanderweges Sendero de Bayuyo (➤ 142).
163 D4

13 Villaverde

Villaverde zählt zu den am besten erhaltenen Dörfern der Insel. Vielleicht eifern die Dorfbewohner ja dem beispielhaften Hotel Rural Mahoh (➤ 60) nach, das am Südrand des Dorfes liegt. Es lohnt schon wegen seiner Architektur und seines Skulpturengartens einen Besuch. Das schwarz-weiße Bauernhaus La Rosita markiert den nördlichen Ortseingang. In den 1920er-Jahren war der Hof eine Tabak- und Maisfarm. Ein Kakteengarten umschließt das bis vor kurzem als Bauernmuseum genutzte Anwesen (derzeit geschlossen).

Fahren Sie von La Rosita in Richtung Villaverde und nehmen Sie die erste Abzweigung nach rechts. Nach 300 m erreichen Sie die **Cueva del Llanos**. Diese Höhle gehört zu einem großen Höhlensystem, das vor über 690 000 Jah-

DIE CUEVA VILLAVERDE

Die 190 m lange Höhle entstand durch den Austritt vulkanischer Gase und Lava. Sie wurde von den Guanchen als Wohnstätte genutzt und erst 1979 entdeckt. Plänen zufolge soll die Sehenswürdigkeit der Öffentlichkeit zugänglich gemacht werden. Zurzeit müssen sich Interessierte aber noch mit der Ausstellung im Centro Molino, La Antigua (➤ 83) begnügen. Fundstücke werden auch im Museo Arqueológico von Betancuria (➤ 72) gezeigt.

Montaña Tindaya, der heilige Berg

ren entstand. Der Eingang befindet sich in einem Teil, dessen Dach eingestürzt ist (bekannt als *jameo*). Hier ist auch das Besucherzentrum mit einer Ausstellung, einem Café und einem Shop. Besucher können von hier aus auf einem schmalen Weg 400 m in die sieben bis zehn Meter breite Höhle hineingehen. 2014 war der Zugang wegen eines Wasserschadens gesperrt, erkundigen Sie sich vor Ort, ob die Höhle wieder begehbar ist.

163 D3

Cueva del Llanos
928 17 59 28 Di–Sa 10–18 Uhr, geführte Touren 11–17 Uhr etwa alle 45 Min. 5 €

14 Montaña Tindaya

Die Montaña Tindaya ist der heilige Berg der kanarischen Ureinwohner der Insel. Diese kamen hierher, um ihrer höchsten Gottheit durch das Opfern junger Ziegen zu huldigen. Aus dieser Zeit sind etliche Inschriften und Felszeichnungen erhalten geblieben, die erst 1978 rund um den Berggipfel auf 401 m Höhe entdeckt wurden.

Am berühmtesten sind die über hundert Felsritzungen in der Form eines Fußumrisses. Die meisten davon sind nur mit einem ortskundigen Führer zu entdecken, relativ leicht zu finden sind jedoch mehrere Fußpaare etwa fünf Meter unterhalb des Gipfels nahe einem großen Feigenkaktus. Wissenschaftler vermuten, dass die Ritzungen böse Geister abhalten sollten. Der Gipfel lässt sich in zwei Stunden besteigen – an einem klaren Tag ist die Aussicht bis zum Teide auf der Nachbarinsel atemberaubend. Da der Aufstieg anstrengend und bei Nässe und Wind gefährlich ist, sollten ihn nur geübte Wanderer wagen. Zum Schutz des sensiblen Ökosystems ist eine Genehmigung erforderlich, die man beim Umweltamt (Medio Ambiente) in Puerto del Rosario (Calle Lucha Canaria/ Ecke Avenida Juan de Betancourt) erhält.

162 C3

Wohin zum ... Essen und Trinken?

Preise
Für ein Essen ohne Getränke:
€ unter 15 Euro **€€** 15–25 Euro **€€€** über 25 Euro

CORRALEJO

Ambaradam €
Das italienische Café in einer ruhigen Seitenstraße am oberen Ende des »Strip« ist eine schicke Adresse für einen Imbiss oder eine komplette Mahlzeit nach einem Besuch des Marktes oder des Vergnügungsparks Baku. Auf der Karte stehen mehrere Frühstückvarianten, süße und pikante Pfannkuchen (47 Arten!) und 14 Variationen der italienischen bruschetta.
163 E5 Centro Commercial Cactus
696 99 62 07 Mo–Sa 8–1.30 Uhr

Antiguo Café del Puerto €€
Hier ist man zu jeder Tageszeit willkommen, egal ob man einen Milchkaffee oder ein Bier bestellt, um gemütlich die auf dem Meer dümpelnden Boote zu beobachten. Auf der Karte des pastellfarben eingerichteten Restaurants stehen diverse Tapas.
163 E5 Calle La Ballena 928 53 70 24 Do–Di 11–1 Uhr

Bodeguita El Andaluz €–€€
Manolo, der Koch, kommt aus Córdoba und die Karte ist, wie auch das Restaurant klein. Greifen Sie nach dem schmackhaften selbstgebackenen Brot mit Öl, zu den Vorspeisen wie Garnelen in Knoblauch, Avocados, Mozzarella und Tomaten oder zu einem Salat mit geröstetem Knoblauch. Eine Spezialität aus Córdoba ist die salmorejo-Suppe, die an Gazpacho erinnert. Die Fleischgerichte – Steaks höchster Qualität, Hühnchen, Schweinefilet und Kebab – werden mit grüner Paprika, Kräuterbutter oder einer Muschelsauce serviert. Frischen Fisch gibt es immer. Keine Kreditkarten.
163 E5 Calle La Ballena 5
676 70 58 78 Do–Di 19–23 Uhr

Caracoles €€
Sylvia und Carlos sind in Corralejo für ihre spanisch-kanarische Küche sowie die besten Tapas der Stadt bekannt. Das kleine Lokal liegt in einer schmalen Gasse unweit des Musikplatzes und ist nie eine Enttäuschung. Zu den Spezialangeboten zählt ein Teller mit sechs verschiedenen Tapas und einer Flasche Wein zu einem Festpreis.
163 E5 Seitenstraße vom Musikplatz
Di–So 19–23 Uhr (letzter So im Monat geschl.)

Factoria €–€€
Direkt am Meer, aber dennoch abseits vom größten Trubel, ist diese heitere kleine Pizzeria eines der nettesten Lokale von Corralejo. Es gibt Steaks und Fisch, doch die Spezialität des Hauses ist Pizza. Probieren Sie einmal eine ausgefallene wie die Felipin mit Brokkoli, Speck und Lachs. Ideal für junge Familien.
163 E5 Avenida Marítima
928 53 57 26 tägl. 10.30–23 Uhr

La Olá €
Das attraktive moderne Café gehört zu einer Bäckerei und liegt unweit des Hafens. Viele kommen zum frühstücken – probieren Sie mal das *desayuno español* (spanisches

Frühstück) mit Tomaten und *jamón serrano* (Räucherschinken). Obwohl der Inhaber ein Einheimischer ist, zählen deutsches Gebäck, Kuchen und Käsekuchen zu seinen Spezialitäten. Die Gäste genießen die Köstlichkeiten in gemütlichen Rattansesseln.

163 E5
Paseo Marítimo Bristol, Muelle Grande
928 53 53 04
Mi–Mo 7.30–20 Uhr

Taberna Fogalera €–€€

In dem Abendlokal in bester Lage an der autofreien Uferpromenade wird mediterrane Küche geboten, neben italienischem Risotto und Pasta auch eine gute spanische Paella, auch die Weinauswahl ist italienisch-spanisch. Speziell für Kinder gibt es ein *»menù bambini«*.

163 E5 **Avenida Marítima 12**
928 86 76 76 **Fr–Mi 18–23 Uhr**

Rogues Gallery €

In der Musikbar liegt der Hauptakzent auf Rock und Blues. Die Lautstärke ist aber erfreulicherweise so dezent, dass man sich noch gut unterhalten kann. Am Samstagabend tritt ein Gitarrist auf.

163 E5
Calle La Ballena 3
Di–So 10–13, 17 Uhr bis spätabends

EL COTILLO

Aguayre €

Von der modernen Bar überblickt man den neuen Hafen. Der ideale Ort, um bei einem Bier, einem Milchshake oder einem chai latte den berühmten Sonnenuntergang von El Cotillo zu genießen. Sogar ein paar Hängematten stehen den Gästen zur Verfügung. Hervorragende Baguettes und internationale Snacks wie Chili und Burritos gibt es den ganzen Tag.

162 C4 **Puerto Nuevo**
tägl. 9.30–21 Uhr

Azzurro €€

In dem alleinstehenden Haus an der Straße zum Faro del Tostón wird italienisch gekocht, dazu gibt es eine breite Auswahl an kanarischen Gerichten und zahlreiche vegetarische Speisen. Die Tagliatelle mit Pilzen, Garnelen und Parmesan sowie die Paella haben noch keinen enttäuscht. Die Atmosphäre auf der Terrasse ist entspannt, gemeinsam mit den anderen Gästen kann man hier herrlich den Sonnenuntergang beobachten. Freitags nach Sonnenuntergang wird Live-Musik gespielt. Der Service ist hervorragend, die Hausweine sind erstklassig.

162 C4 **Urb. Los Lagos 1, Carretera al Faro** **928 17 53 60**
Di–So 12.30–22.30 Uhr

El Goloso €

Die französische Bäckerei am nördlichen Ortsrand von El Cotillo überzeugt durch ein breites Angebot an belegten Baguettes, Croissants, rustikalen Broten, verschiedenen Quiches, leckeren Fruchttörtchen und anderen süßen Teilchen. Alles ist zum Mitnehmen, doch es gibt auch ein paar Tischchen, an denen man frühstücken und einen guten Kaffee genießen kann. In der Hauptsaison ist immer ziemlich viel los.

162 C4 **Calle Pedro Cabrera Saavedra/ Ecke Calle León y Castillo,** **928 53 86 68**
tägl. 7.30-14.30 und 17-20 Uhr, So nur vormittags

Torino €–€€

Die nette kleine Strandbar neben den Lagunen serviert Verschiedenes für den großen und kleinen Hunger. Die Garnelen in Knoblauch sind ein Gedicht, auch die Paella ist lecker.

162 C4 **Playa Lagos**
tägl. 10–17 Uhr

El Veril €€

Von außen eher schlicht, zählt das ansprechend restaurierte Haus zu den schönsten Lokalen der ganzen Insel. Auf der Karte stehen erstklassig zubereitete spanische und kanarische Gerichte. Der Küchenchef ist Baske, und so spiegeln Fisch-, Fleisch- und vegetarische Gerichte die Kochkunst und den erstklassigen Ruf seiner Heimat. Zum Restaurant gehört eine große Dachterrasse mit Blick auf den alten Hafen.

162 C4
Muelle de los Pescadores
928 53 87 80, www.restaurante elveril.com
Di–Sa 18–24, So 13–16, 19–24 Uhr

LAJARES

El Arco €

Im netten Straßencafé treffen sich Einheimische wie Urlauber, um ein einfaches Baguette zu essen oder auch einen größeren Hunger zu stillen. Die *bocadillos* bieten viel fürs Geld – probieren Sie einmal lomo especial mit Schweinelende, *alioli* (schaumig geschlagene Öl-Knoblauchmarinade), Salat, Ei und Käse.

163 D4
Carretera Lajares– El Cotillo
928 86 80 71
Mo–Fr 9–23, Sa 9–17 Uhr

Canela €–€€

Das Szenelokal an der Durchgangsstraße in Lajares macht sowohl von außen als auch von innen mit seinen einfachen Tischen einen eher schlichten Eindruck. Es wird bevorzugt von jungem Publikum besucht, die tagsüber vor allem die bunte Fusionsküche mit asiatischen Curries, arabischen Falafel, griechischem Salat und mexikanischen Burritos zu schätzen wissen. Ab 18 Uhr beginnt der Restaurantbetrieb; dann werden auch Steaks serviert.

163 D4
Calle Coronel Gonzalez del Hiero 34 (Durchgangsstraße Lajares – El Cotillo)
928 86 17 12
tägl. 8-2 Uhr

LA OLIVA

Hijos de Suarez €

Für das Verwaltungszentrum des Nordens hat La Oliva lediglich relativ bescheidene Einkehrmöglichkeiten zu bieten. Gegenüber von der Pfarrkirche gibt es kleine Gerichte, belegte Brote (*bocadillos*) und frisch gepresste Säfte, man kann auch an einem der kleinen Tische auf dem Bürgersteig sitzen.

163 D3 **gegenüber der Iglesia Nuestra Señora de la Candelaria** **928 86 86 79**
tgl. 10-19 Uhr

VILLAVERDE

El Horno €€

Der riesige Grill am Eingang des attraktiven Restaurants im Landhausstil lässt schon ahnen, dass Gegrilltes die Spezialität des Hauses ist. Beginnen Sie Ihr Menü mit Auberginen mit Käse und Palmhonig, gefolgt von einem *cochinillo* (Spanferkel) oder Zicklein. Als Nachtisch lockt ein Feigen- oder Gofio-Eis.

163 D3
Sitio de Juan Bello, Carretera Villaverde-La Oliva
928 86 86 71, 629 38 23 04
Mo-Sa 12.30–23, So 12.30–22 Uhr

Hotel Rural Mahoh €€

Die Auswahl an kanarischen Gerichten zählt zu den besten der Insel, ein weiteres Plus ist das reizvolle Ambiente des Restaurants. Starten Sie mit Kroketten, gefüllten Paprikaschoten oder Baby-Tintenfisch mit mojo verde; als Hauptgericht stehen Sie vor der Wahl zwischen Papageifisch oder Ziege. Der passende Abschluss des Festmahls könnte ein *leche frita* oder ein Feigeneis mit warmer Schokosoße sein. Das tägliche *menú de la casa* bietet viel fürs Geld.

163 D3
Sitio de Juan Bello, Carretera Villaverde–La Oliva
928 86 80 50 www.mahoh.com
Do–Di 13–23 Uhr

Wohin zum …
Übernachten?

Preise
Für ein Doppelzimmer pro Nacht:
€ unter 60 Euro **€€** 60–90 Euro **€€€** 90–120 Euro **€€€€** über 120 Euro

Viele Zimmer der großen Hotel- und Apartmentanlagen in Corralejo können nur über die großen Reiseveranstalter gebucht werden.

CORRALEJO

Atlantis Bahía Real €€€€
Wer im Luxus schwelgen will, ist in diesem maurisch inspirierten 5-Sterne-Hotel direkt am Meer genau richtig. Alle Zimmer haben herrlichen Meerblick. Das größte und am besten ausgestattete Hotel der Insel hat drei Gourmet-Restaurants, ein türkisches Bad, einen Eiswasserbrunnen, einen Duschtempel, einen großen offenen Jacuzzi und eine Sporthalle.
163 F5
Avenida Grandes Playas s/n
928 53 64 44, www.atlantisbahiareal.com

Brisamar €
Das beliebte Aparthotel bietet geräumige und bequeme Apartments mit einem oder zwei Schlafzimmern samt Terrasse zu einem sehr vernünftigen Preis. Neben zwei Tennisplätzen, Meerwasserschwimmbecken (auch ein kleineres für Kinder) ist ebenfalls ein Kinderspielplatz vorhanden.
163 E5
Avenida Nuestra Señora del Carmen
928 86 65 25, www.apartamentos brisamar.com

Corralejo Beach €
Das Apartmenthaus zählt zu den beliebtesten in Corralejo; es liegt im Ortszentrum direkt am Meer und wurde 2007 renoviert. Die 156 Studios und Apartments sind einfach, aber funktional eingerichtet. Viele haben einen schönen Blick auf Lanzarote und die Isla de Lobos. An Einrichtungen sind eine Sauna, Solarium und ein Pool vorhanden.
163 E5 **Calle Víctor Gra Bassas s/n**
928 06 80 00, www.corralejobeach.com

Los Delfines €
Dieses beliebte Apartmentgebäude liegt fünf Minuten vom Strand entfernt. Die Apartments gruppieren sich um den Pool, jedes hat eine eigene Terrasse oder Balkon. Zu den Einrichtungen zählen ein Büfett-Restaurant und Squash-Plätze.
163 E5 **Calle El Pozo 3**
928 53 51 53

Hesperia Bristol Playa €€€
Das attraktive Aparthotel liegt nicht weit vom Hafen entfernt direkt am Meer und verfügt über 186 Ferienwohnungen in schön gestalteten Gartenanlagen. Die Apartments sind gut ausgestattet und haben eine Küche. Für die Gäste gibt es drei Pools, Tennisplätze und eine Gartenbar.
163 E5 **Urbanización Lago de Bristol 1**
928 86 70 20, www.hesperia-bristolplaya.com

La Posada €
Das komfortable, moderne, dreistöckige Hotel mit 34 Zimmern und einer Dachterrasse liegt in der Fußgängerzone und in Hafennähe. Von 16 bis 20 Uhr kann es laut werden, denn dann ist der direkt vor dem Hotel gelegene große Kinderspielplatz gut besucht. Gutes Preis-Leis-

tungs-Verhältnis, freundliches Personal und ein gutes Frühstück.

163 E5

Calle María Santana Figueroa

928 86 73 44

Riu Palace Tres Islas €€€€

Wer gerne in einer Nobelherberge urlaubt, fühlt sich in diesem 4-Sterne-Hotel sicher wohl. Es befindet sich direkt am weißen Sandstrand neben den Dünen. Die beiden großen Pools liegen in schöner Umgebung. Der Hotelname bezieht sich auf die drei Inseln Lanzarote, Lobos und Fuerteventura.

163 E5

Avenida Grandes Playas

928 53 57 00, www.riu.com

VILLAVERDE

Hotel Rural Mahoh €€

Das Mahoh ist ein altes Landhaus, das aus vulkanischem Gestein und Holz gebaut wurde und aus dem 19. Jh. stammt. In allen neun Zimmern sorgt ein Steinboden für Kühlung. Zum rustikal-romantischen Flair tragen die Antiquitäten sowie Details wie Himmelbetten in vier der Zimmer bei. In der gepflegten Anlage befinden sich ein Pool, ein Sportareal mit Tennisplätzen und Pferdeställe (Ausritte möglich). Das Restaurant (► 60) zählt zu den besten der Insel, deshalb empfiehlt sich Halbpension. Das Frühstück ist im Preis inbegriffen.

163 D3

Sitio de Juan Bello, Carretera Villaverde–La Oliva 928 86 80 50, www.mahoh.com

EL COTILLO

Casa Tile €€

Das Landhaus, das Mitte des 19. Jhs. gebaut wurde, liegt 2 km landeinwärts von El Cotillo und bietet bis zu vier Personen das perfekte Feriendomizil. Das Haus ist seit 150 Jahren in Besitz einer Familie und wurde kürzlich einfühlsam renoviert, ohne den Charakter zu zerstören. Der Wohnbereich, das Bad und die Schlafräume sind von der Küche mit Essbereich durch einen offenen Hof getrennt; ein kleiner Pool ist vorhanden. Zur Ausstattung gehören ein Fernseher, eine Waschmaschine und ein Grill.
In der Haupt- und Zwischensaison liegt die Mindestaufenthaltsdauer bei einer Woche.

162 C4

El Roque

in Deutschland 0208 66 33 25, www.finca-kanaren.de

Cotillo Sunset Apartments €–€€

Die attraktive kleine moderne Anlage mit 32 einstöckigen Studios liegt direkt am Strand und nur fünf Minuten zu Fuß von den schönen Buchten entfernt. Jedes der Studios ist anders eingerichtet und bietet eine gut ausgestattete Küche sowie einen mit Gartenmöbeln ausgestatteten Balkon bzw. eine Terrasse. Der Pool ist 12 x 6 m groß, auch ein beheizter Jacuzzi ist vorhanden. Für die Kleinen gibt es ein Planschbecken.

162 C4

Avenida de los Dos Lagos

928 17 50 65

LAJARES

El Patio de Lajares €€€

Dieses deutsch geführte elegante Gästehaus mit angeschlossenem Restaurant betritt man über einen traditionellen Patio. Es hat sechs komfortable und geräumige Zimmer mit Air-Condition, die in hohem Standard traditionell und modern zugleich eingerichtet sind. Jedes Zimmer hat eine Terrasse, TV, Mini-Bar und ein luxuriöses Bad. Es gibt einen Pool, Wellness-Einrichtungen wie ein japanisches Fußbad, einen kleinen Fitnessraum und Aloe-Vera-Behandlungen. Das Restaurant ist sehr zu empfehlen.

163 D4

Calle la Cerca 9, Lajares

650 13 40 30, www.patio-lajares.com

Wohin zum … Einkaufen?

Im Norden der Insel konzentrieren sich die Einkaufsmöglichkeiten auf die *centros comerciales* (Einkaufszentren) und die Hauptstraßen von Corralejo. Ansonsten sind Geschäfte im Inselnorden dünn gesät.

CORRALEJO

Die Hauptstraße des Ortes, Avenida Nuestra Señora del Carmen, und die vielen Einkaufszentren bieten jede Menge Modegeschäfte. Surfartikel prägen das Bild. Kleidungsstücke internationaler Firmen werden hier zu ähnlichen Preisen wie in Mitteleuropa gehandelt. Wer außergewöhnliche italienische Damenmode sucht, geht ins **Las Gatas**, dessen Eingang in Anlehnung an den katalanischen Architekten Gaudí gestaltet wurde. Ein weiteres ungewöhnliches Geschäft ist die **Panadería de Don Juan** (Haus Nr. 20). Die altmodische Traditionsbäckerei ist ideal für Selbstversorger, ein kleines Café lädt zum Ausprobieren ein.

Witzige T-Shirts und Accessoires von Extreme Animals mit dem Logo eines Ziegenskeletts gibt es in der **Calle Las Dunas**. Nach Ethno-Klamotten, Indianer-Schmuck und thailändischem Silber kann man in **Aladins Cave Boutique Isis** stöbern (Calle La Iglesia 3). Das **Herbolario Pachamama** hat ein großes Angebot an Bio-Lebensmitteln und Naturkosmetik (Calle Francisco Navarro Artiles 2).

Ein paar nette kleine Läden liegen unweit des Hafens: **Mystic** (Ecke Calle María Santana Figueroa/Calle Isla de Lobos) bietet Souvenirs aus der ganzen Welt, Aloe-Vera-Produkte, Kunst aus Haiti, Holzskulpturen und Kunstobjekte, schicke Seidenkleidung, Schmuck und Accessoires.

Der **Markt** von Corralejo (► 42) wird Montag und Freitag (9–13 Uhr) am Baku an der Avenida Nuestra Señora del Carmen abgehalten. Es gibt viele afrikanisch angehauchte Artikel.

VILLAVERDE

Die **Casa Marcos** an der Hauptstraße hat sich auf Ausflugsbusse eingestellt und wirkt wie ein Minidorf. Angeboten werden Wein, Käse, Eingemachtes, Töpferwaren und Andenken.

LA OLIVA

Im **Centro de Arte Canario** stehen Arbeiten heimischer Künstler zum Verkauf – von günstigen Postkarten bis hin zu teuren Originalen.

LAJARES

Lajares ist für seine Stickerei-Schule bekannt. Sie ist heute an einen der größten Kunsthandwerksläden der Insel angeschlossen. Den Laden findet man in der Dorfmitte an der Hauptstraße. Die Werkstatt wurde 1950 gegründet und nimmt für sich in Anspruch, die einzige echt kanarische auf der ganzen Insel zu sein. Zu ihren bekanntesten Produkten gehören die bestickten Tischtücher und Servietten sowie Spitzen. Die **Artesanía Lajares** bietet aber auch anderes Kunsthandwerk, außerdem Aloe-Vera-Produkte, Kleidung, Lebensmittel wie Wein, Käse und Konserven an.

Da Surfer auf dem Weg ins benachbarte El Cotillo durch Lajares kommen, haben sich einige Spezialgeschäfte hier niedergelassen. Wer ein Brett, einen Anzug oder auch nur ein T-Shirt braucht, findet im **Witchcraft** und im **North Shore** des ehemaligen Windsurfprofi Jürgen Hönscheid am Ende des Dorfes ein paar witzige Sachen.

Wohin zum ... Ausgehen?

Die Strände von Corralejo und El Cotillo sind für ihre Wassersportbedingungen (➤ 16ff) berühmt. Das ausgelassene Leben am Strand setzt sich in Corralejo nach Einbruch der Dunkelheit fort – die Urlauber tummeln sich in Diskos, Karaoke-Bars und Pubs. Spezielle Nachtclubs gibt es jedoch keine.

WASSERSPORT

Zum Windsurfen und Kiteboarden (➤ 16f) geht man an die Playa de Corralejo und an die Playa Castillo von El Cotillo. Das Flag Beach Windsurf and Kitesurf Centre ist das größte und etablierteste Unternehmen im Norden. Es befindet sich am gleichnamigen Flag Beach. Geboten ist hervorragend strukturierter Unterricht für Anfänger wie Fortgeschrittene in den Disziplinen Windsurfen, Wellenreiten, Bodyboarden und Kitesurfen (Tel. 928 86 63 89, www.flagbeach.com). Weitere Surfstrände befinden sich in El Cotillo sowie westlich des Hafens von Corralejo.

NACHTLEBEN

Die Bars und Kneipen von Corralejo können mit einer lebhaften Musikszene aufwarten. Eine der besten ist die Rock Island Bar in der Calle Crucero Baleares (www.rockislandbar.com), sie bietet jeden Abend Live-Auftritte – bei hervorragendem Sound. Imagine, eine Bar gleich um die Ecke (Calle Lepanto, www.imaginemusicbar.com), hat sich ebenfalls der akustischen Musik verschrieben, sie ist jeden Abend geöffnet. Irische Gruppen und einheimische Musiker spielen im Rosie O'Grady's in der Calle Pizarro und im The Dubliner in der CC Atlántico auf. Evergreens und spanische Musik spielt jeden Abend eine Band auf der von Terrassenlokalen gesäumten Plaza im alten Ortskern. Wer sich in eine Diskothek stürzen will, geht ins Waikiki in der Avenida Hernández Morán 11 (waikikibeachclub.es). Tagsüber herrscht im Beach Club direkt am Strand Bistrobetrieb, abends und nachts dann Chill-out-Atmosphäre bei tropischen Cocktails und guter Musik. Und wem der Sinn nach Travestie steht, geht in die freche Sadie's Drag Bar in der Calle Isaac Peral mit Kabarett und Komödie (Do–Di 20–2 Uhr).

AUSFLÜGE

Mit dem Schiff

Sehr zu empfehlen ist ein Tag auf der Catlanza (Tel. 928 51 30 22, 609 66 72 46, www.catlanza.com), einem 23 m langen Luxus-Katamaran, der die Papagayo-Strände auf Lanzarote anfährt. Die Siña María (Tel. 686 72 53 27) ist ein 18 m langer Luxus-Katamaran unter deutscher Leitung, der sich auf Hochseefischen spezialisiert hat und ebenfalls von Corralejo aus operiert. Vor der Isla de Lobos geht das Schiff vor Anker.

Über Land

Die Nummer eins unter den Bikestation ist Easy Riders in der Calle Las Dunas (Tel. 928 86 70 05). Der Radspezialist verleiht Räder und bietet geführte Tagestouren verschiedener Schwierigkeitsgrade an.

WANDERN

Sehr beeindruckend ist der Sendero de Bayuyo, der von Lajares durch eine bizarre Vulkanlandschaft zum Krater Calderón Hondo führt (➤ 142f). Geführte Wanderungen bietet Hannelore von der Twer an (Tel. 608 92 83 80, www.living-atlantis.de).

Das Inselzentrum

Erste Orientierung	66
In zwei Tagen	68
TOP 10	70
Nach Lust und Laune!	75
Wohin zum …	79

Kleine Erlebnisse

Heilpflanze in der Halbwüste

Südlich von Antigua liegt in Tiscamanita (➤ 78) eine **Aloe-Vera-Farm** mit Besichtigungsmöglichkeit und Fabrikeinkauf.

Wellness vom Feinsten

Entspannung pur verspricht in Caleta de Fuste (➤ 75) das **»Fuerteventura Thalasso Spa«**.

Käseprobe

Nahe der alten Hauptstadt Betancuria (➤ 70) können Sie in einer **Hofkäserei** lokalen Ziegenkäse probieren und kaufen.

Erste Orientierung

Das Inland von Fuerteventura bietet nicht nur ein spektakuläres Bergpanorama, sondern auch Dörfer wie Betancuria, Vega de Río Palmas, Pájara und Antigua. Sie zählen zu den ältesten der Insel. Unterwegs lassen sich interessante Kirchen und schöne Beispiele spanischer Kolonialarchitektur besichtigen.

Für den Hunger zwischendurch kann man in einigen der besten Restaurants der Insel einkehren. Während Betancuria an bedeutende historische Ereignisse Fuerteventuras erinnert, dokumentiert das Ecomuseo de la Alcogida bei Tefía, wie die Bauern im letzten Jahrhundert dem kargen Land ihren Lebensunterhalt abtrotzten. Die Fahrt von Tefía über Betancuria nach Pájara gehört zu den landschaftlich schönsten Strecken der Insel, überall warten Aussichtspunkte (*miradores*) mit herrlichem Panoramablick.

Viele Urlauber ziehen die Ostküste wegen des nahen Flughafens und des neuen Ferienorts Caleta de Fuste dem Norden vor. Nördlich von Caleta de Fuste liegt ebenfalls an der Ostküste die vom Tourismus kaum berührte Hauptstadt Puerto del Rosario, ein Stück südlich des Ferienortes das hübsche Fischerdorf Salinas del Carmen. Es ist wegen der ruhigen Atmosphäre und des vor kurzem eröffneten Salzmuseums einen Besuch wert.

Die Westküste von Fuerteventura ist dagegen wild und ursprünglich. Einen Besuch wert ist auch die riesige Caleta Negra, eine Höhle nördlich von Ajuy. Ein Ausflug an die Westküste sollte in keinem Inselurlaub fehlen, doch bedenken Sie immer die gewaltige Kraft des Meeres – zum Schwimmen sind die Badestrände hier zu gefährlich.

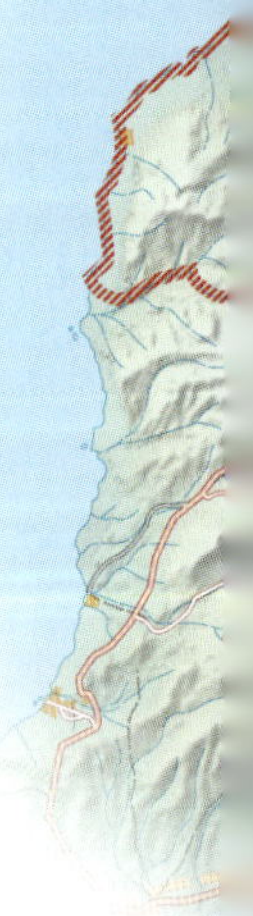

Windmühlen erwarten den Besucher im Zentrum der Insel

Erste Orientierung

TOP 10

- 2 Betancuria ➤ 70
- 3 Antigua ➤ 73
- 7 Ecomuseu de La Alcogida ➤ 74

Nach Lust und Laune!

- 15 Los Molinos ➤ 75
- 16 Puerto del Rosario ➤ 75
- 17 Caleta de Fuste ➤ 75
- 18 Salinas del Carmen ➤ 76
- 19 Vega de Río Palmas ➤ 76
- 20 Ajuy ➤ 77
- 21 Pájara ➤ 77
- 22 Centro de Interpretación de los Molinos ➤ 78
- 23 Gran Tarajal & Las Playitas ➤ 78

In zwei Tagen

Dieser Routenvorschlag ist eine Möglichkeit, wie Sie einige der interessantesten Sehenswürdigkeiten im Inselzentrum an zwei Tagen besichtigen können. Die einzelnen Highlights werden auf den folgenden Seiten näher beschrieben.

Erster Tag

Vormittags

Fahren Sie von 17 **Caleta de Fuste** an 16 **Puerto del Rosario** vorbei gen Norden und dann auf der FV20 ins Landesinnere in Richtung Betancuria und Antigua. Anschließend geht es nach Norden, um den restlichen Vormittag im ★7 **Ecomuseo de La Alcogida** von Tefía (➤ 74) zu verbringen. Fahren Sie nun nach Westen, denn in 15 **Los Molinos** (➤ 75) wartet ein spätes Mittagessen mit Fisch.

Nachmittags

Kehren Sie zur FV20 zurück, um sich wieder auf den Weg nach Betancuria zu machen. Nachdem Sie das Valle de Santa Inés durchquert haben, biegen Sie in Richtung ★3 **Antigua** (Abb. rechts) ab und besuchen dort das 22 **Centro de Interpretacíon de los Molinos** (➤ 78). Über die FV50 und FV2 geht es in Richtung Osten zurück, bis 18 **Salinas del Carmen** (➤ 76) am Meer erreicht ist. Statten Sie dem Salzmuseum einen Besuch ab und essen Sie im Restaurant Los Caracolitos (➤ 80).

Zweiter Tag

Vormittags

Fahren Sie direkt nach 2 **Betancuria** (Abb. links, ► 70), wo Sie die Kirche, das Museo de Arte Sacro und die Casa Santa María besichtigen können. Wer Hunger hat, kehrt in einem der Cafés der Casa Santa María oder im hervorragenden Don Antonio (► 81) in 19 **Vega de Río Palmas** (► 76) ein.

Nachmittags

Fahren Sie in Richtung Süden durch Vega de Río Palmas in Richtung Pájara. Vor der Besichtigung der berühmten Kirche biegen Sie zunächst rechts zum Dorfzentrum ab und folgen dann der Beschilderung nach 20 **Ajuy** (► 77), wo Sie an der Küste entlanglaufen können, die sich als erster Teil der Kanaren vor Jahrmillionen aus dem Meer erhob. Hier finden Sie gute Fischrestaurants. Inzwischen sollte die Kirche in 21 **Pájara** (► 77) geöffnet haben. Das Abendessen mundet dann gleich gegenüber im Restaurant La Fonda (► 81).

Hinweis

Der Autoausflug auf Seite 145ff bezieht einige der Orte im Zentrum der Insel mit ein.

2 Betancuria

Durch die ehemalige Hauptstadt der Insel weht bis heute ein Hauch von Geschichte – das Dorf ist die bedeutendste Sehenswürdigkeit Fuerteventuras. Wer wenig Zeit hat, kann die Hauptsehenswürdigkeiten in zwei oder drei Stunden anschauen. Wer in die besondere Atmosphäre eintauchen will, sollte jedoch mit Muße durch die Straßen schlendern, die Häuser mit Fassaden und Portalen aus dem 16. und 17. Jh. bestaunen und zwischendurch einen Kaffee trinken oder etwas essen. In Betancuria haben sich einige der besten Inselrestaurants und -lokale etabliert.

Am einfachsten erreicht man Betancuria vom Süden her. Gleich am Ortseingang bietet sich eine Bilderbuchansicht des Dorfes: Der Blick schweift über das ausgetrocknete Flussbett mit der Kirche Santa María aus dem 17. Jh. Sie wird von einigen ebenso strahlend weißen, ehrwürdigen Gebäuden eingerahmt, auf die Palmen ihre Schatten zeichnen. Der Eroberer der Insel, Jean de Béthencourt (P 9), gründete die Hauptstadt 1404 bewusst ein gutes Stück vom Meer entfernt, um Piratenüberfälle von Berbern zu vermeiden. Leider ließen sich diese dadurch nicht abschrecken und zerstörten 1593 die Kirche und nahmen 600 Anwohner als Sklaven gefangen. Betancuria fungierte bis 1834 als Hauptstadt, verfiel dann jedoch in eine Art Dornröschenschlaf, aus dem es erst durch den Tourismus wieder geweckt wurde.

DIE PIRATENKANONE

Die britische Bronzekanone im Garten vor dem Museo Arqueológico stammt aus der Schlacht von Tamasite bei Tuineje. 1740 griffen englische Piraten die Insel an. Den Einheimischen gelang es, die Freibeuter zurückzuschlagen und die Kanone zu erbeuten (► 21).

Ein Blick auf Betancuria

Die restaurierte Casa Santa María ist eine der Hauptattraktionen der alten Hauptstadt

Iglesia de Santa María

Die 1620 neu aufgebaute Kirche zählt zu den schönsten der Insel. Die in Pastelltönen naiv bemalten Seitenaltäre bilden einen interessanten Gegensatz zum barocken Hochaltar. Beachten Sie die gotischen Spitzbögen und eine Kanzel in der Form eines Weinglases, außerdem die Holzdecke im Mudéjar-Stil und ein Gemälde vom Jüngsten Gericht. Alte Grabsteine sind in den unebenen Boden aus Steinplatten eingelassen. Die normannische Holzskulptur der hl. Katharina ist eines der ältesten Zeugnisse aus der Zeit nach der Eroberung im ganzen Archipel.

Casa Santa María

Direkt gegenüber der Kirche steht die Casa Santa María. Auf den ersten Blick meint man, es handle sich einfach nur um ein hübsches Restaurant und Café (► 79). Die Casa gehört jedoch zum größten Haus des Dorfes, das weitgehend aus dem 16. Jh. stammt. In den 1990er-Jahren wurde es von einem Deutschen restauriert und ist nun eine der bekanntesten Sehenswürdigkeiten der Insel. Um in das Gebäude zu gelangen, muss man am Restaurant entlang zum Eingang des Museo de Artesanía gehen. Hier stehen in schönen, im Kolonialstil gestalteten Räumen sowie auf den Terrassen und in den begrünten Höfen einheimische Waren zum Verkauf. Lokale Köstlichkeiten können probiert werden, Künstler demonstrieren ihr Handwerk, ein Kakteengarten lädt zur Besichtigung ein. Versäumen Sie auf keinen Fall die audiovisuelle Fotoshow mit Arbeiten der Fotografen Reiner Loos und Luis Soltmann.

Museo de Arte Sacro

Die Sammlung ist normalerweise in dem Kolonialbau gegenüber der Iglesia de Santa María untergebracht. Seit dieser wegen Baufälligkeit geschlossen ist, werden die wichtigsten Exponate in der Pfarrkirche ausgestellt. Zu den Höhepunkten zählt die Statue von Santiago (hl. Jakob): Die Spanier brachten sie auf die Insel in der Hoffnung, auf diese Weise die Guanchen zu christianisieren. Ausgestellt ist außerdem der Pendón de la Conquista, das Eroberungsbanner von Béthencourt.

BAEDEKER TIPP

- Man sollte sehr früh oder recht spät kommen, um die vielen Busausflügler zu meiden. Am Sonntag hat fast alles geschlossen.
- Die Multimediashow in der Casa Santa María macht Lust auf eine Erkundung der Insel. Da die Bilder mit Musik unterlegt sind, bestehen keine Sprachprobleme.

Convento de San Buenaventura

Malerische Ruine: das ehemalige Franziskanerkloster

Etwa 200 m nördlich der Kirche befindet sich im Tal gleich unterhalb der Hauptstraße die Ruine des Convento de San Buenaventura. Das Franziskanerkloster ist das älteste auf der Insel und wurde von Mönchen gegründet, die mit den französischen Eroberern nach Fuerteventura kamen. Als 1836 das Dach einstürzte, gaben die Mönche das Kloster auf.

Museo Arqueológico

Die Hauptattraktion dieser wenig einfallsreichen Sammlung von Zeugnissen aus der Guanchenzeit sind die Artefakte aus der Cueva de los Ídolos, einer Höhle in Villaverde. Man sollte sich am Schalter eine kleine Broschüre kaufen, in der die spanischen Erklärungen in mehrere Sprachen übersetzt sind.

KLEINE PAUSE

Einkehrmöglichkeiten in und um Betancuria ➤ 79ff.

---

164 C5

Iglesia de Santa María und Museo de Arte Sacro
Calle Carmelo Silvera ☎ 928 87 80 03 Di–Sa 10–18 Uhr 2 €

Casa Santa María
Casa Santa María Museo de Artesanía ☎ 928 87 82 82
Mo–Sa 11–16 Uhr 6 €

Museo Arqueológico
Calle Roberto Roldán (Hauptstraße) ☎ 928 86 23 42
Mo-Sa 10–12.30 und 13–15.50 Uhr 1,50 €

3 Antigua

Antigua hat mit der nahe gelegenen Nachbarstadt Betancuria auf der anderen Seite des Gebirgszugs viel gemeinsam. Wie schon der Name ausdrückt, ist das Dorf alt (span. *antigua*): Es wurde 1485 von Siedlern aus der Normandie und aus Andalusien gegründet. Der Ort war ebenfalls einmal Hauptstadt der Insel – je nach Definition ein Jahr oder 25 Jahre. Antigua wirkt heute sehr gepflegt, lockt allerdings nicht so viele Touristen an wie Betancuria. Eine der Hauptattraktionen ist die Windmühle.

In Antigua steht eine der meistbesuchten Windmühlen der Insel

Das Zentrum Antiguas bildet ein hübscher Platz mit der großen **Kirche Nuestra Señora de Antigua** aus dem Jahr 1785.

Im Norden des Dorfes liegt die **Molino de Antigua**, ein Miniatur-Museumsdorf und Ausstellungsforum, das unter der Regie von César Manrique (► 108) entstanden ist. Das Zentrum bildet die restaurierte 200 Jahre alte Mühle inmitten eines botanischen Gartens mit kanarischer Flora und Kakteen aus aller Welt. Zur Anlage gehören auch ein Kunsthandwerksgeschäft, ein im Aufbau befindliches Ziegenkäsemuseum sowie ein netter kleiner Platz mit einem Café. Das Restaurant La Molina (derzeit geschlossen) wurde in einen großen runden Kornspeicher integriert. Diesen kann man besichtigen.

KLEINE PAUSE

Die Cafeteria im **Molino de Antigua** eignet sich perfekt für eine Pause, sei es für einen kleinen Snack oder einen guten Kaffee.

---

164 C5

Molino de Antigua
Zentrum 928 86 23 42
Di–Sa 10–18 Uhr 5 €

BAEDEKER TIPP

Es kann sein, dass einige Bereiche des Centro wegen Personalmangels geschlossen sind. Da hier häufig Ausflugsbusse Halt machen, kann es voll werden.

7 Ecomuseo de La Alcogida

Das Freilichtmuseum präsentiert ein Stück Dorfleben, wie es typisch für die Insel vor 50 bis 100 Jahren war. Insgesamt lassen sich fünf Häuser und Bauernhöfe besichtigen, planen Sie deshalb ein paar Stunden für den Besuch ein.

Exponat im Ecomuseo de La Alcogida

Das erste Gebäude steht beispielhaft für ein einfach möbliertes, bescheidenes Familienhaus. In einem gemauerten Schuppen erklärt ein Film (nur auf Spanisch), wie die Häuser in den 1990er-Jahren rekonstruiert wurden. Das Haus von Señor Teodisio dient als Beispiel für das Heim einer wohlhabenden Familie; meist sind zur Freude der Besucher ein Kamel und zwei Esel davor angebunden. Der dritte Gebäudekomplex ist ein Bauernhof mit fünf Gebäuden; eines davon ist eine *tahona* – eine von einem Esel betriebene Mühle. Ein Museumswärter spannt alle paar Minuten einen Esel ein und demonstriert, wie die Mühle funktioniert. Aber Achtung, sobald die Mühle läuft, fliegt überall Staub und Korn herum. Ein weiteres Gebäude zeigt die Arbeit von Rattanflechtern, Töpfern, Webern und Steinmetzen. Namengebend für das Museum ist die *alcogida,* ein Bewässerungskanal zum Sammeln und Verteilen des wenigen Wassers, das sich aus den Niederschlägen oder mit Hilfe von Grundwasserpumpen gewinnen lässt.

KLEINE PAUSE

Im Empfangsbereich befindet sich eine kleine Café-Bar mit niedriger Decke, in der sich gerne die Einheimischen treffen. Trinken Sie etwas und probieren Sie eines der frisch gebackenen Anisbrötchen. Die nächsten guten Restaurants befinden sich in Los Molinos (► 80).

---

162 C2

Tefía ☎ 928 87 80 49, www.majorero.com/laalcogida

Di–Sa 10–18 Uhr 5 €

BAEDEKER TIPP

Bitten Sie um ein Tonband samt Kopfhörern mit deutschen Erklärungen. Achten Sie beim Überqueren der Hauptstraße auf die wenigen, aber meist sehr schnell fahrenden Autos. Und achten Sie auf die niedrigen Decken der historischen Gebäude: Schon viele Großgewachsene haben sich daran den Kopf gestoßen.

Nach Lust und Laune!

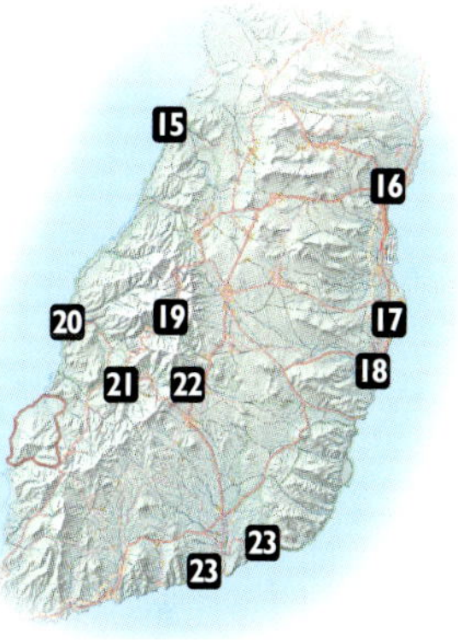

15 Los Molinos
Das malerische Fischerdorf zählt zu den wenigen Orten, an denen man auf der wüstenhaften Insel frisches, fließendes Wasser zu sehen bekommt. Eine Fußgängerbrücke führt über einen seichten Bach, der langsam dahinplätschernd in eine kleine Lagune mündet. Vor dem Restaurant Casa Pon finden sich hin und wieder Enten und Watvögel ein. Die um die Ecke gelegene La Terraza (► 80) ist eine weitere gute Möglichkeit, um sich mittags am Strand einen köstlichen Fisch zu gönnen. Im Sommer lockt der Sandstrand, im Winter waschen ihn die Wellen weg und legen die schwarzen Kieselsteine frei.
162 B2

16 Puerto del Rosario
Die Hauptattraktion der Inselhauptstadt sind die über die ganze Innenstadt und entlang der Uferstraße aufgestellten modernen Skulpturen, die im Rahmen eines Bildhauersymposiums entstanden. In der Touristeninformation bekommt man einen Stadtplan, in dem die Standorte der Kunstwerke eingezeichnet sind. Die wichtigste Kirche der Stadt ist die zartblaue **Iglesia Nuestra Señora del Rosario** aus dem Jahr 1830. Daneben findet sich die Casa Museo Unamuno. Sie war einst das bescheidene Hotel Fuerteventura, in dem der Dichter Miguel Unamuno (► 76) wohnte. An der Ecke der Calle Primero de Mayo und der Calle Jesús y Maria wartet die **Cafetería Naufragio**. Wer sich ansehen will, wie der Luxus-Liner American Star (► 32f) einmal innen ausgesehen hat, sollte einen Blick auf die geborgenen Relikte im Café werfen.
163 E1

Skulptur am Hafen von Puerto del Rosario

Casa Museo Unamuno
Calle Virgen del Rosario **928 86 23 76**
Mo–Fr 9–14 Uhr **frei**

17 Caleta de Fuste
Die planmäßig angelegte Hotelstadt mit Großhotels, Bungalowkomplexen und Einkaufszentren schmiegt sich um eine geschützte Bucht mit einem kleinen Hafen. Bis vor kurzem hieß der Ort noch El Castillo, benannt nach dem Castillo de Fuste, einem gedrungenen Wehrturm aus schwarzem Stein (1741). Der

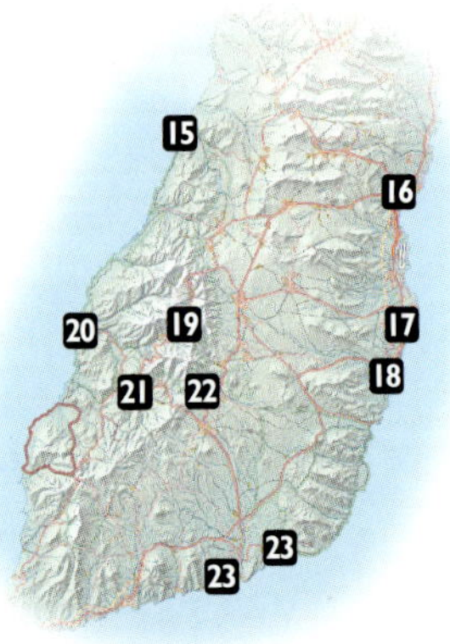

Turm gehört nun zum Hotel Barceló und bildet das Kernstück einer Pool-Landschaft. Ein paar Meter weiter ragt am Hafen ein schwarzer Leuchtturm auf.

Großes Plus des künstlich angelegten breiten **Sandstrandes** ist seine Familienfreundlichkeit und die Möglichkeit, hier Surfunterricht nehmen zu können. Im Hafen gibt es ein kleines Aquarium (➤ 84).

165 F4

18 Salinas del Carmen

In den Salzpfannen gewann man an dieser Stelle seit dem 18. Jh. Meersalz. Die sichbaren Pfannen stammen aus dem Jahr 1910 und waren noch bis vor kurzem in Betrieb. Sie wurden für das neue **Museo de la Sal** (Salzmuseum) renoviert und Tafeln erklären, wie das Salz getrocknet, gereinigt und in dem *almacén* (Lagerhaus) gelagert wurde. Mittels Eisenbahnwagons brachte man das so gewonnene Salz anschließend zu den Booten des nur 100 m entfernten kleinen Fischerdorfes. Auf Metallpfosten thront hoch über den Salzpfannen das 15 m lange Skelett eines Wals, der hier vor gar nicht langer Zeit strandete. Vogelliebhaber können in den Salzpfannen und in der Bucht Wasservögel beobachten.

165 F4

Museo de la Sal

928 17 49 26 Di–Fr, So 9.30–17.30 Uhr

19 Vega de Río Palmas

Dieses Tal ist eines der fruchtbarsten auf der ganzen Insel. Palmen

EIN UMSTRITTENER DICHTER

Don Miguel Unamuno wurde 1864 in Bilbao geboren und 1900 zum Direktor der Universität Salamanca, Spaniens Elite-Uni, gewählt. Hier ging er seiner Leidenschaft für Dichtung und Philosophie nach. Wegen seiner Kritik am Monarchen wurde der erklärte Republikaner seines Amtes enthoben und im März 1924 nach lautstarker Kritik am spanischen Premierminister Primo de Rivera nach Fuerteventura ins Exil geschickt. Nur vier Monate später floh er nach Paris, wo er bis 1930 wohnte. Als Rivera der Macht enthoben wurde, kehrte Unamuno nach Spanien zurück. Bei Ausbruch des Bürgerkriegs entschloss er sich zunächst zum Schulterschluss mit Franco, wandte sich dann aber gegen ihn und wurde deshalb bis zu seinem Tod 1936 unter Hausarrest gestellt. Während seines kurzen Aufenthalts auf Fuerteventura entwickelte Unamuno eine tiefe Sympathie für die karge Insel und das einfache Leben ihrer Bewohner.

Da er in vielen seiner Texte Bezug auf Fuerteventura nahm und der einzige Gelehrte ist, zu dem Fuerteventura eine persönliche Beziehung hat, wird um seine Person auf der Insel viel Aufhebens gemacht. Sein viel zitierter Ausspruch »Fuerteventura ist eine Oase in der Wüste der Zivilisation« ist in allen Reiseführern über die Insel zu einem Mantra geworden. Eine bescheidene Statue von Unamuno steht am Fuß der Montaña Quemada (➤ 146).

geben den Mini-Oasen Schatten und werden mit Hilfe von Pumpen bewässert, die das Wasser aus großer Tiefe holen. Zu den wenigen Stauseen der Insel zählt die **Embalse de las Peñitas**, auf die man von der Hauptstraße hoch oben blickt. Ein bekanntes Motiv ist auch die kleine weiße Kapelle der Virgen de la Peña (➤ 148).

Die Dorfkirche **Ermita Virgen de la Peña** stammt aus dem späten 18. Jh. und lohnt auch einen Blick in den Innenraum. Am dritten Samstag im September findet hier eine der farbenfrohesten Fiestas von Fuerteventura statt (➤ 19).
164 B4

Ermita de la Virgen de la Peña
Stadtzentrum
Di–So 11–13, 17–19 Uhr

20 Ajuy

1402 landeten die französischen Eroberer unter der Führung von Jean de Béthencourt hier erstmals auf Fuerteventura. Heute ist das ruhige Fischerdorf auch unter dem Namen **Puerto Peña** bekannt. Hauptanziehungspunkte sind der schwarze, bei Surfern beliebte Sandstrand sowie die Fischlokale. Die Fischer können nur von Mai bis Oktober aufs Meer hinausfahren – im Winter ist die See zu rau.

Ein lohnender Spazierweg beginnt an den Treppen. Steigen Sie diese hinauf und wandern Sie am Klippenrand entlang. Weiter nordwärts befindet sich die als Naturdenkmal ausgewiesene **Caleta Negra** mit einer imposanten Höhle direkt über dem Wasser. Auch erfahrene Höhlengänger sollten sich beim Abstieg vorsehen und immer den starken Seegang beachten.
164 A4

KIRCHENRÄUME
Einige Details sind allen Kirchen aus dem 18. Jh. (u. a. in Betancuria, Antigua, La Oliva und Pájara) gemeinsam: eine Kanzel in Form eines Weinglases, eine maurische Decke sowie ein Gemälde von Christus als dem Weltenherrscher mit den verlorenen Seelen in der Hölle.

21 Pájara

Pájara wirkt wie aus dem Ei gepellt und heißt seine Gäste mit einer bunten Blumenpracht willkommen – eine Wohltat nach den vielen Braunschattierungen im Landesinneren. Das Dorf ist eines der ältesten auf der Insel, es wurde im 16. Jh. gegründet. Eine seiner Hauptsehenswürdigkeiten ist **Nuestra Señora de la Regla** (1685). Die Steinmetzarbeiten am Portal zeigen zwei Indianer mit Kopfschmuck, außerdem stilisierte Vögel und andere Tiere. Die Motive wirken aztekisch, da aber Material und Technik auf einheimische Künstler schließen lassen, ist der eigenwilli-

Vega de Río Palmas wirkt karg, ist aber einer der grünsten Orte der Insel

Las Playitas zählt mit seinen gestaffelten Häusern zu den schönsten Orten der Gegend

ge Stil bis heute ein Rätsel. Pájara ist auch das nächstliegende Dorf zum berühmten, aber nicht mehr sichtbaren Schiffswrack *American Star* (➤ 33).

164 B4

22 Centro de Interpretación de los Molinos

Die Region um Tiscamanita gehört einst zur Getreidekammer der Insel, und so ist der Ort für ein Mühlenzentrum passend gewählt. Sie finden die Ausstellung in einem hübschen alten, restaurierten Haus mit Garten. Zu den Exponaten zählen Handmühlen, von Tieren betriebene Mühlen und Windmühlen – eine in Originalgröße kann man sogar betreten.

164 C4

Calle la Cruz 13, Tiscamanita (Tuineje)

928 16 42 75 **Di–Sa 10–18 Uhr** **2 €**

BAEDEKER TIPP

Fünf gute Fischrestaurants:

- Casa Victor, Las Playitas (➤ 81)
- Frasquita, Caleta de Fuste (➤ 80)
- Puerto de la Peña (Casa Pepin), Ajuy (➤ 81)
- La Terraza, Los Molinos (➤ 80)
- Los Caracolitos, Salinas del Carmen (➤ 80)

23 Gran Tarajal/Las Playitas

Der Ort ist zwar der zweitgrößte nach Puerto del Rosario, doch sieht man einmal vom gepflegten schwarzen Sandstrand ab, wird hier wenig geboten. Man fährt also besser 6 km weiter nordwärts zum kleinen Fischerdorf Las Playitas. Dort ist die Atmosphäre nett, und die Fischlokale sind allseits beliebt. Von Las Playitas führt ein schmale Stichstraße zum **Faro de Entallada.** Der Aussichtsplatz neben dem Leuchtturm erlaubt einen wunderbaren Ausblick auf die Ostküste der Insel.

164 C1/ 165 D2

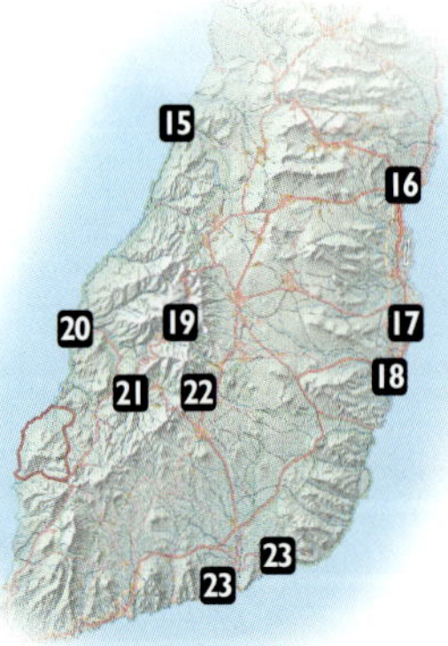

Wohin zum …
Essen und Trinken?

Preise
Für ein Essen ohne Getränke:
€ unter 15 Euro **€€** 15–25 Euro **€€€** über 25 Euro

BETANCURIA

Casa Princess Arminda €€
Das Casa Princess Arminda ist im Zentrum des Ortes in einem Gebäude aus dem 16. Jh. untergebracht und zeichnet sich durch hausgemachte kanarische Gerichte aus. Regionale Produkte werden verwendet und zum Teil selbst angebaut. Die Spezialität ist Lammragout mit dem Aroma frischer Kräuter. Beenden Sie das Mahl mit einem Bananen-Mandel-Kuchen.
165 C5 Calle Juan de Bethencourt, 2
928 87 89 79, www.princessarminda.com

Casa Santa María Cafe Bar (im Museo de Artesanía) €€
Setzen Sie sich auf der erhöht liegenden Terrasse unter einen Sonnenschirm oder unter einen riesigen Lorbeerbaum. Bougainvilleen, ein Zitronenbaum sowie ein makelloser Kakteengarten umgeben die Tische – man fühlt sich wie in einer Postkartenidylle. Die hausgemachten Käse- und Apfelkuchen sind ein Gedicht.
165 C5 Plaza Iglesia
928 87 82 82 tägl. 11–16 Uhr
Hinweis: Für das Museum ist Eintritt zu entrichten (➤ 73), der sich jedoch lohnt

Casa Santa María Restaurant €€€
Das Restaurant befindet sich auf dem Dach eines herrlich restaurierten Bauernhauses im Kolonialstil. Antiquitäten gibt es zuhauf; das Essen ist erstklassig, aber sehr teuer; doch auch ein preiswerteres Tagesmenü wird angeboten. Man beginne mit Datteln in Schinken oder gebackenem Frischkäse mit Tomaten und Knoblauch. Zu den Spezialitäten des Hauses zählen Kaninchen und Zicklein sowie die ganze Palette kanarischer Gerichte. Zum Abschluss empfehlen sich warmer Apfelstrudel oder Schokoladentorte mit Mangosorbet.
165 C5 Plaza Iglesia
928 87 82 82 tägl. 11–16 Uhr

Val Tarajal €€
Das traditionelle Restaurant mit viel dunklem Holz bietet wenig Schnickschnack, sieht man einmal von einer 4 m langen, fünfsaitigen Timple (einer Art Ukulele) an der Wand ab. Die Speisekarte bietet alle kanarischen Köstlichkeiten, wer allerdings *puchero* oder *sancocho* (➤ 25) will, muss an Sonn- und Feiertagen herkommen.
165 C5 Calle Roberto Roldán 6 (Hauptstraße) 928 87 80 07
So–Fr 10–16.30 Uhr

ANTIGUA

La Molina €€
Fast meint man beim Betreten des großen, runden Gebäudes, in eine riesige Windmühle einzutreten. Der ehemalige Getreidespeicher wurde mit braunem und weißem Stein sowie Holz wunderschön restauriert. Aus umgedrehten, mit Löchern durchsetzten Lehmtöpfen hat man rustikale Leuchter gemacht, durch die nun das Licht schimmert; im Hintergrund spielt leise Musik von den Kanaren. Das Essen ist beste kanarische Küche: Als Vorspeise

empfiehlt sich frittierter Käse mit *mojo verde* oder Thunfisch-Carpaccio, als Hauptgericht Ziegeneintopf oder ein Fischeintopf (*carzuela de pescadores*).

164 C5 Carretera de Antigua, km 20
derzeit geschlossen

PUERTO DEL ROSARIO

El Cangrejo Colorao €€

Das Lokal liegt etwas versteckt nördlich vom Hafen in einer Sackgasse, sofern man das Kunstzentrum (Centro de Arte Juan Ismael) in der Calle Almirante Lallermand besichtigt hat, ist der Weg nicht weit. Der Lokalname bedeutet Rote Krabbe, ein Hinweise, dass hier vor allem Fisch und Meeresfrüchte auf den Tisch kommen. Der Stil des Restaurants mag etwas altmodisch erscheinen, doch auf der Terrasse sitzt man direkt am Wasser und hat einen freien Blick auf die Ladekräne im Hafen.

163 E1 Calle Juan Ramón Jimenez 2
928 85 84 77
Di–So 13–16.30 und 20–24 Uhr

LOS MOLINOS

La Terraza

Das bessere von zwei Fischrestaurants im hübschen kleinen Fischerdorf bietet zusätzlich einen schönen Blick über den Strand und einen guten Service.

162 B2 Los Molinos
Mi–Mo 12–19 Uhr

CALETA DE FUSTE

Frasquita €€

»Nur fangfrischer Fisch« lautet das Motto dieses rustikalen Restaurants in einem weiß getünchten Gebäude am Strand. Die Bedienung präsentiert Ihnen eine Auswahl von Fischen am Tisch. Wirklich teuer wird es nie, und beste Qualität ist stets garantiert.

165 F4 Playa Caleta de Fuste
928 58 69 98 Di–So 13–16, 18–21 Uhr

Gambrinus €€

Früher war das Lokal eine *cervecería* (Brauerei) mit einem alten Bierwagen außen und bierseliger Atmosphäre in der holzgetäfelten Gaststube. Heute präsentiert sich das Gambrinus als ein schickes modernes Restaurant mit gemütlichen Rattanmöbeln. Steaks vom heißen Stein und Flambiertes sind die Spezialitäten des Hauses, aber man ist auch willkommen, wenn man Tapas, Pizza, einen Cocktail oder einfach nur ein Bier bestellt. Im Sommer täglich Live-Musik.

165 F4 CC Broncemar
928 16 35 55 tägl. 9–23 Uhr

Puerto Castillo El Faro €€

Das Haus liegt im ersten Stock des Hafengebäudes, von der großen Terrasse bietet sich eine feine Aussicht über den Jachthafen und den sichelförmigen Strand. Die Küche gibt sich mediterran, neben Paella und Fischgerichten steht auch Escalope alla Romana auf der Karte, und die Weinauswahl kann sich ebenfalls sehen lassen.

165 F4 Puerto deportivo 928 94 98 35
tägl. 17–23.30 Uhr

La Paella €€-€€€

Jüngst eröffnet sucht das zum Hotel Barceló Puerto Castillo gehörige Lokal Anschluss zu den besten Restaurantküchen im Ort, was sich auch an den gehobenen Preisen festmachen lässt. Natürlich steht die Paella im Vordergrund, doch auch andere mediterrane Spezialitäten kommen nicht zu kurz. Die Lage unmittelbar am Strand könnte nicht besser sein.

165 F4 Paseo de la Playa
928 16 31 00 tägl. 13.30–22.30 Uhr

SALINAS DEL CARMEN

Los Caracolitos €€

Das attraktive kleine, moderne Restaurant liegt fast direkt am Strand des winzigen Fischerdorfes. Die Auswahl an Fisch- und Meeres-

früchtegerichten ist groß. Wer eine lokale Vorspeise will, wählt die hausgemachten Fischkroketten und erkundigt sich dann nach dem fangfrischen Fisch des Tages.
165 F4 Salinas del Carmen
928 17 42 42 Mo–Sa 12–23 Uhr
keine Kreditkarten

VEGA DE RÍO PALMAS

Don Antonio €€€

Das gegenüber der Kirche gelegene Restaurant ist mit seinen Speiseräumen und einem Innenhof eine Augenweide. Die Qualität der Speisen und das gepflegte Ambiente haben allerdings ihren Preis – das Don Antonio gehört zu den teuersten Lokalen der Insel. Die kleine, aber feine Speisekarte mit internationaler, spanischer und kanarischer Nouvelle Cuisine wechselt täglich. Gourmets schätzen besonders das menu de degustación mit fünf oder sieben ausgewählten Gängen.
164 B4 Plaza Iglesia
928 87 87 57 Di–So 10–17 Uhr

AJUY

Puerto de la Peña (Casa Pepin) €€

Beide Restaurants am Meer empfehlen sich für Fisch und Meeresfrüchte. Wer jedoch gern mit den Einheimischen isst, geht ins Puerto de la Peña, denn hier ist Pepin zu Hause, ein wahres Unikum, das meist bereitwillig auch noch die Räumlichkeiten herzeigt.
164 A4 Puerto Aziel
928 16 15 29, 628 67 10 04
tägl. 10–17 Uhr

Jaula de Oro €

Goldkäfig nennt sich das einfache Strandlokal, von allen Restaurants im Ort liegt es mit seiner Terrasse am nächsten zum Wasser. In ungezwungener Atmosphäre wird schnörkellose doch schmackhafte Fischküche mit sehr gutem Preis-Leistungs-Verhältnis geboten, für den kleinen Hunger gibt es Tapas.
164 A4 928 16 15 94
Di–So 10–18 Uhr

PAJARA

Bar Restaurant La Fonda €€

Gegenüber der Kirche treffen sich die Einheimischen gern auf ein Bier in der rustikalen Bar, während die Touristen im Freien unter den Bäumen essen. Die Auswahl anTapas und kanarischen Gerichten ist gut, Spezialitäten des Hauses sind carne mechada (Steakstreifen), conejo en adobo (mariniertes Kaninchen) und garbanzos compuestos (Kichererbseneintopf).
164 B4 Calle Nuestra Señora de la Regla
928 16 16 25
tägl. 9–18, Sa/So 9–21 Uhr

Centro Cultural €

Kulinarische Höhenflüge dürfen in diesem Lokal neben der Pfarrkirche nicht erwartet werden, doch es gibt solide kanarische Küche zu vernünftigen Preisen mit Klassikern wie Zicklein und Kaninchen, dazu empfiehlt sich ein Inselwein von Teneriffa oder Lanzarote.
164 B4 Plaza del Ayuntamiento
928 16 14 40 tägl. 8–24 Uhr

LAS PLAYITAS

Casa Victor €€

Sicher ist es nicht das attraktivste Restaurant des Ortes, aber es geht hier immer hoch her. Die Casa Victor hat keine Plätze im Freien und muss sich deshalb hinsichtlich der Qualität ein bisschen mehr anstrengen. Auf Fisch und Meeresfrüchten basiert die Mehrzahl der Gerichte auf der Speisekarte. Der gute Ruf und das gemischte Publikum aus Geschäftsleuten, Einheimischen und Touristen geben diesem Konzept recht.
165 D2 Calle Juan Soler 22
928 87 09 10
Di–So 12–17, 20–23 Uhr

Wohin zum ... Übernachten?

Preise
Für ein Doppelzimmer pro Nacht:
€ unter 60 Euro **€€** 60–90 Euro **€€€** 90–120 Euro **€€€€** über 120 Euro

Viele der größeren Hotels und Apartmentanlagen in Caleta de Fuste sind nur über die großen Reiseveranstalter buchbar.

ANTIGUA

Hotel Era de la Corte €€–€€€

Das wunderschöne ländliche Hotel stammt aus dem Jahr 1890 und wurde vom Eigentümer liebevoll restauriert. Alle elf Zimmer sind mit viel Flair ganz unterschiedlich möbliert; einige haben sogar Himmelbetten. Der Eigentürmer weiß viel über das Leben auf der Insel zu berichten und hat eine kleine Bibliothek mit Büchern über Geschichte, Flora und Fauna der Insel zusammengestellt. Hier können die Gäste bei einem Glas Wein lesen und entspannen. Zum Angebot des Hauses gehören zwei kleine Pools, ein Solarium, ein Garten, Tennisplätze, Mieträder, Dartscheiben und Tischtennis. Das Frühstück ist inbegriffen.

164 C4 Calle La Corte 1 928 87 87 05, 928 87 87 08, www.eradelacorte. com

CALETA DE FUSTE

Hotel Elba Palace Golf €€€€

Das 5-Sterne-Hotel liegt im Areal des Fuerteventura Golf Club (► 42, 84). Es ist im klassischen Stil der Kanaren erbaut. Im großen Innenhof wiegen sich die Palmen; die Holzbalkone sind ebenso typisch kanarisch wie die von Trachten des 18. Jhs. inspirierte Bekleidung des Personals. Die 51 luxuriösen Zimmer sind mit einem dezenten Lokalkolorit eingerichtet. Zu den hoteleigenen Einrichtungen gehören zwei große Pools, Tennisplätze mit Flutlicht, Jacuzzi, Sauna, Dampfbad, ein Schönheitssalon sowie ein Gourmet-Restaurant.

165 F4
Urb. Fuerteventura Golf Club
928 16 39 22, www.hoteleselba.com

Barceló Puerto El Castillo €€€€

Perfekt für all jene, die ein kleines Apartment in gepflegter Gartenanlage direkt am Meer wünschen und gleichzeitig die Vorzüge einer Ferienanlage genießen wollen. Geboten wird ein Unterhaltungs- und Sportprogramm, Bars, Restaurants, Pizzeria, Crêperie, Eisdiele, Wellness im »Fuerteventura Thalasso Spa« mit Jacuzzi, Thalasso-Therapie und fünf Pools, davon einer beim Wehrturm (► 76) aus dem 18. Jh.

165 F4
Avenida del Castillo
928 16 30 42, www.barcelo.com
Fuerteventura Thalasso Spa
928 16 09 61 tägl. 10–18 Uhr

PAJARA

Hotel Rural Casa Isaítas €€

Das reizende kleine Hotel am Dorfrand hat nur vier Zimmer, die in einem minimalistisch-ländlichen Stil möbliert sind. Das Hotel bietet eine Bibliothek, Internetanschluss und einen Aufenthaltsraum. Das Restaurant steht auch Nicht-Hotelgästen zur Verfügung. Das Frühstück ist im Preis inbegriffen.

164 B4 Calle Guize 7
928 16 14 02, www.casaisaitas.com

Wohin zum ... Einkaufen?

BETANCURIA

Trotz seines Namens ist das **Museo de Artesanía** in der Casa Santa María einer der besten Andenkenläden der Insel. Außer kanarischen Kunsthandwerksartikeln werden Speisen und Getränke aus der Region ansprechend präsentiert, manches darf man sogar probieren.

Wer Töpferwaren kaufen will, sollte sich im **Ceramica Casa Santa María** umsehen: Das Geschäft gehört zum Museum, hat aber einen eigenen Eingang.

Kunsthandwerk bietet auch das **Centro Insular de Artesanía** an der Hauptstraße.

Am Südende des Dorfes verkauft die **Casa de Queso** (Haus des Käses) verschiedene Sorten Räucherfleisch und natürlich Käse. Außerhalb des Ortes liegt die **Hofkäserei Finca Pepe**, wo man lokalen Ziegenkäse probieren und kaufen kann (Granja la Acaravaneras, tägl. 10–18 Uhr, www.fincapepe.com).

ANTIGUA

Es gibt mehrere staatlich geförderte Centros Insulares de Artesanía auf Fuerteventura. Diese Zentren präsentieren das typische Kunsthandwerk der Insel. Vieles erscheint vielleicht teuer, doch sollte man die stundenlange Handarbeit beim Preis bedenken.

Das größte ist das **Centro Molino** in Antigua. Der Kunsthandwerksladen zählt zu den besten auf der Insel. Zu haben sind teure Ledertaschen, Modeschmuck, gigantische Holzgeckos, Seiden- und Pergamentbilder sowie schöne Töpferwaren aller Art.

PUERTO DEL ROSARIO

Puerto del Rosario hat sich hauptsächlich auf die Bedürfnisse der Einheimischen eingestellt. Wer also wissen will, was die Leute hier kaufen, bummelt über die Calle Primero de Mayo und die Calle León y Castillo. Die meisten Geschäfte wirken allerdings altmodisch und wenig inspirierend. Eine Ausnahme ist **Las Rotondas** (Calle Francisco Pi y Arsuaga 2), der mit einer Verkaufsfläche von 30 000 m² und mehr als 100 Geschäften größte Konsumtempel der Insel.

Jeden zweiten Sonntag im Monat findet in Tetir, 8 km westlich von Puerto del Rosario ein **Kunsthandwerkermarkt**, statt (10.30–14.30 Uhr). Hier werden Leder, Textilien, Keramik, Lebensmittel und regionale Produkte verkauft.

CALETA DE FUSTE

Wegen oder vielleicht ja auch trotz der vielen Einkaufszentren ist das Warenangebot in Caleta de Fuste eher mittelmäßig und meist überteuert. Bestes Einkaufszentrum ist das **Atlántico** direkt an der Durchgangsstraße.

Riu Parfum an der CC Castillo Plaza bietet die besten Parfüms. Am Samstagvormittag findet ein **Markt** (► 42) statt.

HERRLICHER ZIEGENKÄSE

Fuerteventura ist für seinen Ziegenkäse berühmt und hat es geschafft, ihn sogar als Denominación de Origen (entsprechend der französischen Klassifizierung der Weine) patentieren zu lassen, um ihn so vor Plagiaten zu schützen. Er ist in drei Varianten erhältlich: *natural*: Die Rinde ist mit Olivenöl eingerieben, um ihn haltbar zu machen; *pimenta*: Die Rinde ist mit rotem Chili eingerieben und schmeckt pikant; *gofio*: Der Käse ist mit geröstetem Maismehl umhüllt.

Wohin zum ... Ausgehen?

NACHTLEBEN

Empfehlenswerte Lokale zum Ausgehen sind **Caleta de Fuste** die **Blues Bar** im Centro Castillo oder **Luna Blue**, eine Cocktail Lounge mit Livemusik im Hotel Elba Castillo Suite.

Die quirligsten Locacions gibt es jedoch in der Hauptstadt **Puerto del Rosario**. Das junge Hauptstadt-Publikum trifft sich am Wochenende bevorzugt im **Mama Rumba** (Calle San Roque 7), der vielleicht angesagtesten Latino-Disco der Insel. Alternativ dazu geht man ins **Camelot** (Calle León y Castillo 12). Mit ein oder zwei Bier kann man sich in der **Heineken Bar** (Calle León y Castillo 146) in Stimmung bringen – es gibt dort insgesamt 90 Sorten. **La Tierra** (Calle Eustaquio Gopar) bietet freitags und samstags am Abend Live-Jazz.

GOLF

Für Golfspieler ist **Caleta de Fuste** mit gleich zwei 18-Loch-Parcours die beste Adresse auf der Insel. Der 2002 eröffnete **Fuerteventura Golf Club** (Tel. 928 16 00 34, www.fuerteventuragolfclub.com) im Süden der Ferienstadt wird auch von Profis genutzt.

In unmittelbar Nachbarschaft gibt es mit **Salinas de Antigua** (Tel. 928 87 72 72, www.salinasgolf.com) einen weiteren 18-Loch-Platz, zu dem ein Golfhotel und eine Golfschule gehören. Als dritter Platz kann nahe Gran Tarajal der Platz von **Las Playitas Golf** bespielt werden. Dieser 18-Loch-Parcours mit vier kleinen Seen, zu dem ein Sporthotel und eine PGA-Golfakademie gehören, wurde von dem Golfplatzarchitekten John Chilver Stainer entworfen.

SCHIFFSAUSFLÜGE

Am interessantesten ist der **Oceanarium Explorer** in Caleta de Fuste. Hier sieht man Haie und Rochen und kann in speziellen Becken Tiere füttern und streicheln. Einem Kraken hat man beigebracht, ein Glasgefäß aufzuschrauben. Kinder haben Gelegenheit mit einem dressierten Seelöwen zu schwimmen.

WASSERSPORT

Die geschützte Bucht von Caleta de Fuste ist ideal, um das Windsurfen zu lernen. Im **Fuerte Fun Center** (www.fuerte-surf.com) können Sie die Grundbegriffe lernen.
Wer tauchen will, setzt sich mit **Deep Blue** (Tel. 928 16 37 12, www.deep-blue-diving.com) in Verbindung.

GOKART

Der **Tamaretilla Karting Club** (Tel. 620 50 43 99) bietet einen Rundkurs von 1500 m für Erwachsene und mehrere kürzere für Junioren und Kinder an. Er befindet sich in der Nähe des Dorfes Cardón bei Tuineje.

REITEN

Die **Finca Crines del Viento** in Triquivijate bei Antigua bietet Ausritte für Anfänger und erfahrene Reiter. Man spricht Deutsch und Englisch (Tel. 609 00 11 41, www.crinesdelviento.es).

TRIKE-TOUREN

Eine geführte Trike-Tour kann von Caleta de Fuste aus mit **Cool Runnings** (im Centro Comercial El Castillo, Tel. 649 93 85 81) unternommen werden.

Der Süden

Erste Orientierung 86
An einem Tag 88
TOP 10 90
Nach Lust und Laune! 96
Wohin zum … 100

Kleine Erlebnisse

Urige Einkehr

Zum Beispiel etwa 20 km westlich von Morro Jable (➤ 97) in Puerto de la Cruz im Fischlokal **El Caletón** direkt am Wasser.

Auf das Dach von Fuerte

Wer gut zu Fuß ist, kann von Jandía Playa (➤ 96) aus den **Pico de la Zarza** besteigen.

Skelett im Leuchtturm

Im westlich von Morro Jable (➤ 97) gelegenen Leuchtturm **Faro de Jandía** baumelt das sechs Meter lange Skelett eines Finnwals von der Decke herab.

Erste Orientierung

La Pared (wörtlich: die Mauer) am Anfang der Landenge im Südwesten der Insel markiert nicht nur die historische Grenze, an der einst eine Mauer die beiden Königreiche trennte (➤ 10), sondern auch eine wichtige »geo-touristische« Grenze. Im Norden ist der Sand vulkanischen Ursprungs und somit überwiegend schwarz, im Süden beginnt die Costa Calma mit den längsten (insgesamt 30 km) und schönsten goldenen Sandstränden der Kanaren.

Costa Calma ist ein moderner Ferienort mit großen Hotels und Einkaufszentren. An den Stränden auf der Halbinsel Jandía weiter südwestlich konzentriert sich der Tourismus in Jandía Playa, einem erst in den letzten 40 Jahren entstandenen und heute zu einer großen Ferienstadt ausgebautem Badeort, der mittlerweile mit dem benachbarten ehemaligen Fischerort Morro Jable zusammengewachsen ist. Der Vorteil dieser Ferienregion: anders als im Norden Fuerteventuras, wo mitunter Wolken aufziehen können, scheint auf der Halbinsel Jandía fast 365 Tage im Jahre die Sonne, also ideal für Bade- und Surfferien.

Einen Kontrast zu den Ferienzentren an den Playas de Jandía bildet die Nordküste (Barlovento) der Halbinsel. Die als Naturpark ausgewiesene Region ist so gut wie menschenleer, kein Hotelbau verschandelt bislang die kilometerlangen Strände von Cofete.

Die Straße nach Morro Jable wird derzeit immer weiter ausgebaut. Gerade Schnellstraßen und 30 m hohe Brücken überwinden die tiefen Schluchten, die den Verkehrsfluss bisher stark behinderten. Somit verkürzt sich also die Fahrzeit von Norden nach Süden immer mehr. Für die meisten Urlauber ist Morro Jable mit seinem schönen Strand und Lokalkolorit die Endstation, was hoffentlich trotz der geplanten weiteren Straßenbauten noch lange so bleiben wird.

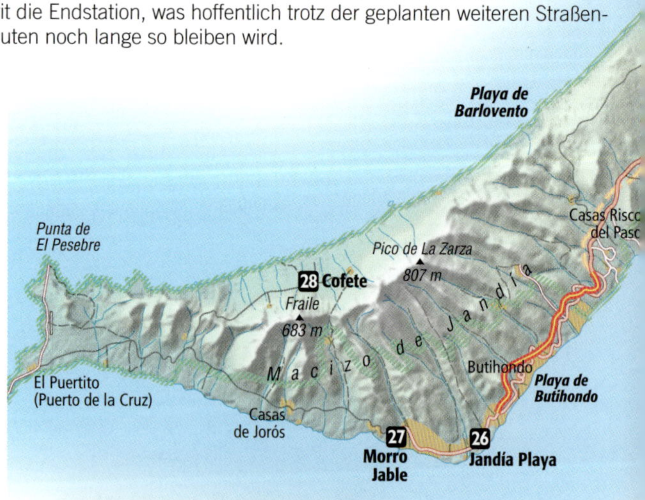

Kamele im La Lajita Oasis Park

TOP 10

1 Playas de Jandía ➤ 90
8 La Lajita Oasis Park ➤ 93

Nach Lust und Laune!

24 La Pared ➤ 96
25 Costa Calma ➤ 96
26 Jandía Playa ➤ 96
27 Morro Jable ➤ 97
28 Cofete ➤ 98

Zu den Attraktionen des Südens gehören die Strände von Morro Jable

In drei Tagen

Dieser Routenvorschlag ist eine Möglichkeit, wie Sie einige der interessantesten Sehenswürdigkeiten im Süden der Insel an drei Tagen besichtigen können. Die einzelnen Highlights werden auf den folgenden Seiten näher beschrieben.

Erster Tag

Vormittags

Starten Sie früh am Morgen, um den Ausflugsbussen zuvorzukommen, dann zählen Sie um 9 Uhr, wenn der 8 **La Lajita Oasis Park** (► 93ff) öffnet, zu den ersten Besuchern. Genießen Sie die Shows und essen Sie in den botanischen Gärten zu Mittag.

Nachmittags

Fahren Sie auf der FV56 3 bis 4 km nach Norden und biegen Sie links in Richtung La Pared ab. Nachdem Sie den Weiler Las Hermosas durchquert haben, nähert sich die Straße mit herrlichen Ausblicken über die Küste von Barlovento dem Meer. Bei 24 **La Pared** (► 96) kann man an der Playa de la Pared ein Sonnenbad nehmen; schwimmen ist hier zu gefährlich. Zum Abendessen empfiehlt sich das El Camello (► 100).

Zweiter Tag

Vormittags

Fahren Sie auf der Hauptstraße zum Zentrum El Palmeral bei 25 **Costa Calma** (➤ 96). Wandern Sie über die Landenge nach Norden, oder fahren Sie alternativ mit einem Jeep in die Wildnis (siehe Wanderung ➤ 150ff). Wenn Sie wieder zurück sind, wartet das Mittagessen im Fuerte Action (➤ 100). Wer will, kann anschließend noch einen Bummel durch die Läden anhängen.

Nachmittags

Fahren Sie 3–4 km nach Süden und biegen Sie links nach Risco del Paso ab, wo Sie den restlichen Tag am berühmtesten Stränden der Kanaren, den ★1 **Playas de Jandía** (➤ 90) verbringen können. Wer will, kann auch das Surfbrett mitnehmen.

Dritter Tag

Vormittags

Für diese Exkursion brauchen Sie einen Jeep. Fahren Sie an Morro Jable vorbei nach Süden und folgen Sie der Beschilderung nach Cofete. Nach rund 20 Kilometern kommen Sie zu einem Pass mit herrlichem Blick über die Barlovento-Küste. Nach weiteren 4 km durch diese außergewöhnliche Landschaft erreichen Sie das etwas heruntergekommene Dorf 28 **Cofete** (➤ 98f, Bild), wo Sie in einem einfachen Fischlokal zu Mittag essen können.

Nachmittags

Kehren Sie bei 27 **Morro Jable** (➤ 97) in die Zivilisation zurück, indem Sie der Ausschilderung zum Centro Urbano folgen. Parken Sie im alten Teil des Dorfes in der Nähe des Dorfplatzes und vebringen Sie den restlichen Tag am goldenen Sandstrand. Unter den vielen Cafés und Restaurants am Platz (➤ 102) finden Sie sicher das Passende zum Abendessen.

Playas de Jandía

Die Strände von Jandía sind die größte Attraktion Fuerteventuras. Wer gern dem Wassersport frönt, faul am Strand liegt, mit der Familie unterwegs ist oder die Hüllen fallen lassen möchte, ist hier genau richtig. Wohl jeder hat schon mal Bilder von Jandía mit goldgelbem schier endlos erscheinenden Strand gesehen. Kein anderer Strand auf den Kanarischen Inseln wurde häufiger fotografiert oder gefilmt als dieser und für Sonnenanbeter zählt er ganz sicher zu den attraktivsten Strandrevieren Europas.

Im gebirgigen Hinterland des Naturparks Jandía gibt es bislang kein Hotel, Wanderer entdecken zunehmend die spröde Schönheit dieser ursprünglich gebliebenen Region.

Die Sotavento-Küste

Die Playas de Jandía beginnen in Costa Calma. Hinter den Reihen orange-blauer Sonnenschirme und Liegen wird der Strand langsam breiter, bis er am Hotel Meliá Gorriones und der Playa Barca immer spektakulärer wird. Gigantische Dünen ragen aus dem schwarzen Vulkangeröll auf. Eine Sandbank reicht 5 km weit bis Risco del Paso, sie bricht die Wellen und macht den Strand so familienfreundlich und ideal für alle, die zum ersten Mal windsurfen. Das seichte Wasser schillert in allen Schattierungen von Blau

Einer der Postkarten-Strände von Jandía

BARLOVENTO UND SOTAVENTO

Alle Strände an der 30 km langen, nach Südosten ausgerichteten Küste von Costa Calma nach Morro Jable liegen *»sotavento«*, d.h. auf der Leeseite (im Windschatten) der Halbinsel. Die Bezeichnung Playa de Sotavento gilt dennoch nur für ein kurzes Teilstück. Die nach Nordwesten ausgerichteten Strände der Halbinsel liegen *»barlovento«*, also auf der Luvseite. Doch auch hier heißt nur ein Abschnitt der gesamten Küste so. An der Barlovento-Küste sollte man nie schwimmen, denn selbst wenn das Meer ruhig erscheint, bleiben die gefährlichen Strömungen.

und Türkis und zeichnet sanfte Linien in den goldenen Sand. Bei Risco del Paso gibt es eine Strandbar, ein Wassersportzentrum und hübsche weiße Bungalows, die auf den niedrigen Klippen gebaut wurden.

Wenn man ein paar hundert Meter über den Strand schlendert, kommt man schon zur nächsten Postkartenidylle: Eine riesige weiße Düne und schwarze Vulkanklippen fallen hier zum Meer ab und bilden zusammen eine faszinierende Kulisse. Wenn Sie das Ende des Sotavento-Strands sehen möchten, sollten Sie zur weiter oben liegenden Hauptstraße fahren: Ein Aussichtspunkt – *mirador* – beschließt diesen Strandabschnitt und zeigt den klassischen Panoramablick.

Nach Jandía Playa und Morro Jable

Der nächste 3–4 km lange Strandabschnitt wird von niedrigen Klippen gesäumt und heißt Playa de Butihondo. Neben einigen großen Hotels befinden sich hier auch die deutschen Clubs Robinson und Aldiana. Da sie von gepflegten Gartenanlagen umgeben sind, stören sie nicht das Landschaftsbild.

Die Küste macht nun eine Biegung nach Südosten und wird von dort an Playa del Matorral genannt, ein mehrere hundert Meter breiter Sandstrand, der landeinwärts von unter Naturschutz gestellten Salzwiesen (*El Saladar*) begrenzt wird. Auf dem Weg nach Jandía Playa fehlen nun die Klippen. In dem Städtchen steht der imposante Leuchtturm (➤ 96f), das Wahrzeichen des Ortes.

Hinter Jandía Playa beginnt dann das grandiose Finale mit Klippen und Dünen sowie einer herrlichen Promenade mit schönem Blick über den goldenen Sandstrand. Die Straße führt schließlich zu einem kleinen Platz in Morro Jable hinunter, wo die Strände von Jandía enden.

Hinter Jandía Playa

Um von hier aus den Rest der Halbinsel zu erkunden, braucht man einen Jeep. Am beliebtesten ist die – allerdings recht strapaziöse – Fahrt nach Cofete (➤ 98) über holprige Pisten. Auf der Nordseite der Halbinsel trifft man auf einen weiten, unberührten,

Der Wind an der Playa de Sotavento lockt viele Kitesurfer an

goldenen Sandstrand. Nordöstlich davon erstreckt sich die nicht minder beeindruckende Playa de Barlovento. Da es nur wenige dorthin schaffen, nutzen Nudisten die Abgeschiedenheit, um ihrer Leidenschaft zu frönen und nahtlos zu bräunen.

Am einfachsten erreicht man die Strände an der Nordküste, wenn man die Halbinsel an ihrer schmalsten Stelle bei Costa Calma durchquert (► 150 ff).

KLEINE PAUSE

An zwei der schönsten Stellen der 30 km langen Playa de Sotavento gibt es gute **Strandbars**: in Morro Jable (5–10 Minuten zu Fuß vom Zentrum) oder bei Risco del Paso.

167 E2 – 167 D1

BAEDEKER TIPP

Nur in Costa Calma und zum Teil in Morro Jable kann man **Sonnenschirme** mieten, ansonsten schmort man in der Sonne. Es lohnt sich auf jeden Fall, einen Sonnenschirm oder – für Kinder – ein kleines Zelt zu mieten.

Für die **Anreise zur Playa de Sotavento** folgendes beachten, denn der Strand ist nicht ausgeschildert. Sie fängt an der Playa Barca beim Hotel Meliá Gorriones an. Ausgeschildert ist dagegen das Ende, Risco del Paso, wo man am besten auch parkt. Die Abzweigung ist nicht ganz leicht zu finden.

8 La Lajita Oasis Park

Der Oasis Park in La Lajita ist die größte, beste und älteste Touristenattraktion von Fuerteventura. Er wurde 1985 als kleines Gartenzentrum gegründet. Bis heute wirkt die Anlage weniger wie ein Zoo als vielmehr wie eine grüne Oase inmitten der kargen Halbwüste.

Interessante Tiere in einer üppigen Pflanzenwelt zeichnen den Park aus

Der Tierpark

Das Interessanteste an diesem Areal sind eigentlich nicht die Tiere, sondern das Ambiente. Die Gehege liegen an schattigen Wegen mit dichtem Laub, prächtigen bunten Pflanzen und fließendem Gewässer. Kinder kommen sich hier wie Dschungelforscher vor. Unter all den Reptilien, Primaten und Säugetieren sowie über 200 Vogelarten sind Krokodile, Tamarindenaffen, Schimpansen, Meerkatzen, südamerikanische Wasserschweine, Tukane, Turakos, Flamingos und Pelikane.

Tier- und Vogelshow

Die Papageien- und die Seelöwen-Vorführungen bereiten Kindern viel Freude; Erwachsene üben oft an dem unnatürlichen Verhalten der Tiere Kritik. Am Mut des Krokodildompteurs zweifelt aber keiner, wenn er dem Tier seinen

Kopf ins Maul steckt. Die Vogelshow arbeitet mit Raubvögeln, die in der freien Wildbahn nicht mehr überleben können, und ist informativ gestaltet. Die Seelöwen-Show gehört wie auch die Vorführung zum Umgang mit Reptilien zu den großen Events.

TEUER AUF KAMELEN SITZEN
Der Kamelsitz für zwei Personen heißt silla inglesa – englischer Stuhl –, denn er wurde im 19. Jh. für englische Touristen entworfen, die auf dem normalen Sattel Schmerzen bekamen. Ein antiker Originalsitz erzielt bei Auktionen gut 2000 Euro.

Kamelzucht

Die Normannen machten 1405 die Kamele auf der Insel heimisch (➤ 29f), 1985 lebten hier gerade noch drei Dutzend Tiere. Um sie vor dem Aussterben zu bewahren, bemüht sich der Park, das camello majorero (Fuerteventura-Kamel) durch Kreuzung mit afrikanischen Dromedaren zu züchten. Außerdem soll hier die erste Kamelmolkerei Europas entstehen. Kamelmilch soll angeblich gut für die Leberwerte und die Gesichtsfarbe sein. Sie enthält viele Mineralien und Vitamin C. Die Herde umfasst mittlerweile 220 Tiere; besonders der Nachwuchs ist allseits beliebt.

Kamelritte

Für die meisten Gäste gehört ein Kamelritt (Gebühr) zu den Höhepunkten des Zoobesuchs. Zwei Personen sitzen dabei auf einem Kamelsattel, einer Art Holzsitz. Langsam und sanft geht es einen steilen Berg hinauf. Von oben ha-

Man kann Strauße und Kamele beobachten ...

ben die Besucher eine herrliche Aussicht über die Gartenanlagen bis hin zum Meer.

Der botanische Garten
Der Garten liegt an einem steilen Hügel und ist keine so trockene Angelegenheit, wie man vielleicht fürchtet. Die mehr als 1500 Arten von Kakteen, Sukkulenten und heimischen Pflanzen gedeihen in schwarzer vulkanischer Bimssteinerde – sie stellen eine der größten Sammlungen Europas dar. Lassen Sie sich nicht von dem sehr trocken gehaltenen Prospekt abschrecken. Von zierlichen Schlingpflanzen mit leuchtend gelben und knallrosa Blüten über Gewächse mit weichen, flaumigen Widerhaken bis hin zu den klassischen mexikanischen Riesen mit Furcht einflößend großen Dornen, die einem die Hand aufschlitzen können, ist jede Kaktusart hier vertreten.

...und zuschauen, wie die Krokodile gefüttert werden.

Afrikanische Savanne
In dem der afrikanischen Savanne nachempfundenen Areal leben Giraffen, Antilopen sowie einige vom Aussterben bedrohte afrikanische Tierarten wie Rhinozerosse; Raubtiere sind jedoch nicht vorhanden.

KLEINE PAUSE
Im Park liegen drei sehr gute Restaurants.

---

167 F3 Carretera General de Jandía (FV2, km 57,4), La Lajita
902 4 00 43; www.lajitoaoasispark.com
tägl. 9–19.30 Uhr
25 €, Kinder 12,50 €, Kamelritte kosten extra

BAEDEKER TIPP

Den Park sollte man **früh am Morgen** besuchen, wenn es noch kühler ist und die Ausflugsbusse noch nicht alle eingetroffen sind. Tragen Sie bequeme Schuhe. Ein Muss sind die Giraffen, der botanische Garten, die Krokodilshow und die jungen Kamele. Die Kamelzucht liegt etwas abseits und ist manchmal geschlossen. Wenn Sie sich aber telefonisch anmelden, werden Sie in der Regel eingelassen. Halten Sie in der Vogelvoliere nach einem großen Chamäleon Ausschau.
Wer auf eigene Faust unterwegs ist, parkt am Haupteingang des Zoos. Innerhalb des 250 000 m² großen Geländes verkehrt ein kostenloser **Shuttle-Bus**, mit dem Sie auch zum botanischen Garten kommen.

Nach Lust und Laune!

24 La Pared

Dort, wo einst eine Mauer die Insel in zwei Königreiche (➤ 13) teilte, liegt heute in La Pared ein hauptsächlich von Deutschen besiedeltes Wohngebiet (*urbanización*). Von der Straße oberhalb des Dorfes erkennt man die bizarr leuchtenden Greens des 9-Loch-Golfplatzes inmitten schwarzer Lava. Im Dorf befindet sich eines der schönsten **Restaurants** auf der Insel, *El Camello* (➤ 100). Wer auf der FV605 am Abzweig zum Dorf vorbei weiter gen Norden fährt, wird mit einem weiten **Panoramablick** über die Nordküste belohnt.

167 E3

25 Costa Calma

Der gehobene Ferienort wurde in den 1970er- bis 1980er-Jahren aus dem Boden gestampft – heute präsentiert sich Costa Calma als eine Mischung aus Einkaufszentren und Hotelanlagen entlang einem goldenen Sandstrand. Hier beginnt die berühmte **Playa de Sotavento** (➤ 90f), doch als schönsten Abschnitt des berühmten Strands kann man diesen Küstenabschnitt angesichts all der Bautätigkeit sicher nicht bezeichnen.

167 E3

26 Jandía Playa

Der Ferienort ist fest in deutscher Hand. Das hässliche Entlein im Süden besteht aus einer Ansammlung von Einkaufszentren und großen Hotels an der relativ uninteressanten Playa Matorral.

Der hoch aufragende **Leuchtturm** von Morro Jable wurde Ende des 19. Jhs. errichtet und ist der größte der Insel. Das einzig Sehenswerte ist der kleine **Zoo** im Hotel Stella Canaris (tägl. 10–18 Uhr, 8 €). Eine

UNGEWÖHNLICHE ARCHITEKTUR

Auch wenn die Mehrzahl moderner Gebäude im Süden keinen Eindruck hinterlässt oder gar völlig deplatziert erscheint, gibt es doch drei Anwesen in Privatbesitz, die man sich genauer anschauen sollte.

Nördlich von Esquinzo befindet sich neben dem Club Paraíso Playa Sunrise Beach Hotel ein Gebäude im Zuckerbäckerstil, das an ein Märchen der Gebrüder Grimm erinnert.

In Costa Calma scheint am äußersten nördlichen Ende oben auf einem Hügel eine große Kirche aufzuragen. Doch weit gefehlt, es handelt sich um das Hotel Río Calma im Stil eines alten spanischen Dorfes.

Am Südende von Costa Calma liegt das ungewöhnliche Hotel Risco del Gato (➤ 103, Bild unten), eine ehemalige Unterkunft der Pioniere.

Im Morro Jable steht der größte Leuchtturm der Insel.

schön angelegte Promenade führt von Jandía Playa nach Morro Jable.
167 D1

27 Morro Jable

Der beliebte Ferienort liegt am Ende der Sotavento-Strände (▶ 90f). Die herrliche **Playa de Cebada** mit ihrem goldenen Sand breitet sich vor einer riesigen Düne und niedrigen Klippen aus.

Sonnenanbeter haben nicht nur viel Platz, sondern können auch Sonnenschirme und Liegen ausleihen. Zur guten Infrastruktur gehören auch eine Strandbar und Duschen samt WC. Von der neuen, schicken **Promenade** mit bunten Bougainvilleen und hübschen altmodischen Banken genießt man einen schönen Blick über die Szenerie. Die Promenade verläuft von der Innenstadt bis ins benachbarte Jandía Playa. Die Mehrzahl der Touristen wohnt in den großen Hotelanlagen oben auf den Klippen.

Die **Altstadt** von Morro Jable besteht aus einem Gewirr von kleinen Gassen, die sich über ein trockenes Flussbett bis zum Meer hinunterziehen.

Direkt am Wasser warten einige lebhafte Lokale an mehreren kleinen Plätzen. Am Hauptplatz blickt man auf das **El Viejo Vapor** (»Der alte Dampfer«), Teil eines alten Dampfschiffs mit Schornstein. Frü-

STRASSENABENTEUER

Auch wenn Tausende von Touristen alljährlich mit einem normalen Mietwagen hinter Morro Jable über die Pisten brettern, sollte man das tunlichst nur mit einem Jeep oder Fahrzeug mit Allradantrieb tun. Nach Regenfällen sind die Staubpisten häufig für PKWs unbefahrbar.

GUTE RESTAURANTS
- El Camello, La Pared (➤ 100)
- Marabú, Esquinzo (➤ 101)
- Fuerte action, Costa Calma (➤ 100)

her war darin ein Restaurant untergebracht.

Im **Hafen** von Morro Jable ankert die Fischereiflotte, außerdem legen hier die Fähren und Tragflügelboote nach Gran Canaria und Teneriffa sowie die Ausflugsboote ab.

166 C1

28 Cofete

Die Straße nach Cofete südlich von Morro Jable fängt sehr vielversprechend an – der Asphalt ist ganz neu. Doch schon nach 3 km gilt es, die weiteren 24 km auf einer Holperpiste zurückzulegen. Das letzte Stück besteht dann aus einspurigen Haarnadelkurven mit unvermittelt abschüssigen Stellen. Fahren Sie also sehr langsam, und hupen Sie vor den nicht einsehbaren Kurven. An der höchsten Stelle, zwischen dem **Pico de la Zarza** – mit 812 m die höchste Erhebung der Insel – und dem Pico del Fraile (686 m), wird man mit einem unvergesslichen Blick über die gesamte Nordwestküste belohnt. Diese bizarre Landschaft hat sich seit Menschengedenken kaum verändert.

Das etwas heruntergekommene Dorf Cofete mit seinem Lokal stellt

Ein Surferparadies: der Strand von Playa Barca an der Küste von Sotovento

dann für die meisten Abenteurer die Endstation der Exkursion dar. Hier kann man dann seinen wohlverdienten Kaffee oder einen kleinen Imbiss genießen, verbunden mit dem befriedigenden Gefühl, den Ort der »Verheißung« erreicht zu haben. Nur die Wagemutigen fahren noch weiter zu den herrlichen, aber gefährlichen **Stränden** (➤ 89).

Vom Lokal aus sieht man die **Villa von Gustav Winter** einsam vor den Bergen liegen. Hier hängen oft bedrohliche Wolken, die der Szenerie etwas Dramatisches verleihen. Kein Wunder also, dass über dieses Haus so viele Gerüchte kursieren. Auch wenn die Villa nicht allzu weit entfernt liegt, sollte man die Fahrt dorthin nur mit einem Jeep wagen, da die Piste sehr holprig ist.

Im **Leuchtturm** *(Faro de Jandía)* westlich von Morro Jable baumelt ein sechs Meter m langes Skelett eines Finnwals von der Decke herab (Di–Sa 10–18 Uhr, frei).
166 C2

Touristeninformation
Jandía Playa
167 D
CC Cosmo
928 54 07 76
Mo–Fr 8.45–14.45 Uhr

Morro Jable
166 C1
Morro Jable, am Strand bei der Promenade
tägl. 10–14.30 Uhr

DAS GEHEIMNIS DER VILLA WINTER

Gustav Winter wurde 1893 in Deutschland geboren. Er verbrachte viele Jahre als Ingenieur in Spanien und ließ sich in den 1930er-Jahren in Jandía nieder. 1941 unterstellte die Regierung in Madrid die Halbinsel Jandía offiziell Gustav Winter, um diese kurz danach zur geschlossenen Militärzone zu erklären. 1947 begann der Bau der Villa Winter. Was dort vor sich ging, weiß man nicht. Jedenfalls kamen im Zweiten Weltkrieg viele U-Boote zum Auftanken nach Fuerteventura – trotz Spaniens vermeintlicher Neutralität.

Die Gerüchte brodeln bis heute: Diente Winters Grundstück als Nachschubbasis für deutsche U-Boote im Zweiten Weltkrieg? Setzten sich Nazi-Größen nach Kriegsende von hier aus Richtung Südamerika ab? Nichts davon konnte nachgewiesen werden, erzählt werden diese Geschichten trotzdem gern. In den 1950er-Jahren wurde die Villa in ihrer heutigen Form ausgebaut. 1971 verstarb Don Gustavo, wie Einheimische Gustav Winter mitunter nannten, ohne das Geheimnis seiner Villa gelüftet zu haben. Da die Villa nie von einer unabhängigen Kommission untersucht wurde, birgt sie wohl noch so manches Geheimnis. Zur Zeit gibt es keine regulären Besichtigungen, aber fragen Sie die Einheimischen von Cofete und es wird Sie jemand hineinlassen.

Wohin zum ...
Essen und Trinken?

Preise
Für ein Essen ohne Getränke:
€ unter 15 Euro **€€** 15–25 Euro **€€€** über 25 Euro

LA LAJITA

La Lajita Oasis Park €€

Im Oasis Park gibt es drei Restaurants. Eines liegt hinter dem Haupteingang und grenzt an die Volieren mit exotischen Vögeln. Ihre Schreie und Rufe vermitteln den Gästen das Gefühl, mitten im Dschungel zu essen. Es bietet als Spezialität Ziegengerichte, z. B. panierten Ziegenkäse mit *membrillo* (Quittengelee), gefolgt von einem Ziegeneintopf und einem *frangallo* mit Eis. Die beiden anderen Restaurants können nur mit Eintrittskarten besucht werden.

167 F3 Carretera General de Jandía (FV2, km 57,4) 928 16 11 35 tägl. 11–17 Uhr, Mittagessen ab 12 Uhr

LA PARED

El Camello €€

Die Hazienda im andalusischen Stil ist eines der attraktivsten Restaurants der Insel. Kleine Gerichte wie Tapas werden im hübschen Garten und Patio mit gekachelten Bänken serviert. Der Speisesaal ist geschmackvoll mit Terrakottaböden, pastellfarbenen Wänden und moderner Kunst eingerichtet. Auf der Speisekarte stehen Köstlichkeiten wie *crab au gratin* mit Safransoße, Lachstatar mit Kartoffelpfannkuchen und Fischmedaillons in Gemüse Senfsoße. Die Weinkarte ist hervorragend. Unbedingt reservieren!

167 E3 Am Ortseingang von La Pared rechts abbiegen, dann ausgeschildert 928 54 90 90 Di–So 13–23 Uhr

Bahía La Pared €€

Das Fischrestaurant am Strand bietet eine herrliche Aussicht. Es ist bei Einheimischen und Touristen gleichermaßen beliebt, denn es gibt einen Kinderspielplatz mit einem kleinen Pool und Rutschen. Das Essen ist hervorragend. Für ein Abendessen bei Sonnenuntergang sollte man einen Tisch auf der Terrasse reservieren.

167 E3 Playas de la Pared 928 54 90 30 tägl. 12–22 Uhr

COSTA CALMA

Fuerte Action €–€€

In diesem modischen, lockeren Trendcafé trifft man Surfer aus halb Europa und auch viele schicke Leute. Über die Bildschirme flimmern Surfvideos, vor denen man dankenswerterweise aber auch auf die (ruhigere) Terrasse ausweichen kann. Wegen des vielseitigen Angebots – Spare Ribs, Hähnchen, Pasta, hausgemachte Burger, Tapas, Baguettes, Salate, gutes Frühstück, hervorragender Kaffee und der Mini-Eisdiele – kommen viele Stammgäste ins Fuerte Action.

167 E3 CC El Palmeral (an der Hauptstraße neben der Tankstelle) 928 87 59 96 tägl. 8–0.30 Uhr (Essen bis 22.30 Uhr)

Mediterran €€

Das Lokal liegt etwas schwer zu finden mitten in der Apartmentanlage Las Abejas (neben dem Centro Comercial El Palmeral). Wie der Name schon sagt ist die Küche mediterran ausgerichtet, die Wirtsleute sprechen jedoch deutsch. Zu den Spezialitäten gehören neben Steaks und Pasta die Lammgerichte, als Vorspeise gibt es Gazpacho und Minestrone. Sehr ruhige Atmosphäre.

167 E3 Calle Playa de la Jaqueta s/n
699 13 68 40
tägl. ab 17 Uhr

Posada San Borondon I €€

Die spanische Taverne mit niedriger Decke und dunklem Holz ist mit Apfelpressen, riesigen Fässern und irdenen Krügen dekoriert und hat viel Flair. Wie in Costa Calma üblich, ist vieles nicht echt, aber dennoch nett. Der gut aufgelegte Besitzer gießt aus großer Höhe die Sangria ein und spendiert dem kosmopolitischen Publikum dazu Kroketten und andere Knabbereien bei Live-Musik (außer montags). Die Speisekarte ist lang und bietet Tapas von der Insel und dem Festland, z.B. Bohnen aus Asturien, Champignons in Sherrysoße, Linsen à la Lanzarote.

167 E3 CC Sotavento
928 54 71 00
tägl. 11–1.30 Uhr

La Terraza del Gato €€

Das Risco del Gato (► 103) ist das individuellste und ungewöhnlichste Hotel von Costa Calma, sein klassisch-modernes weißes Café-Restaurant spiegelt diesen Minimalismus wieder. An internationalen Gerichten locken Entenbrust mit Portwein und Trauben, aus Burgos kommen die Lammkoteletts, der Spargel ist aus Navarra, ferner gibt es Carpaccio mit Manchego-Käse und eine breite Auswahl an kaltem Braten, Würstchen und kanarischen Speisen zu vernünftigen Preisen. Auf der Terrasse mit Rattanmöbeln genießt man einen schönen Blick übers Meer. Donnerstags und sonntags Live-Musik.

167 E3
Calle Sicasumbre
928 54 71 75 tägl. 12–22 Uhr

ESQUINZO

Marabú €€

Der beliebte Familienbetrieb liegt etwas versteckt zwischen der Hauptstraße und dem Strand von Esquinzo in einem hübschen Garten mit Patio. Auch wenn sich innen viele traditionelle Elemente finden, wirkt alles modern und einladend. Küchenchef Ralf Johmann zaubert Gerichte wie Chateaubriand, gegrillten Papageienfisch mit kanarischen Kartoffeln, Schwertfischsteak in Pfefferkruste und Lammspezialitäten auf den Tisch. Reservierung empfiehlt sich.

167 D2 Calle Fuente de Hija
928 54 40 98, www.e-marabu.com
Mo–Sa 13–23 Uhr

JANDÍA PLAYA

Cervecería Olímpico €

Das bekannte Lokal ist eine gelungene Mischung aus altmodischer Bierstube und modernem Café mit deckenhohen Fenstern. Von der mit gemütlichen Rattanstühlen möblierten großen Terrasse schaut man zum Leuchtturm hinüber. Die Auswahl an deutschem und spanischem Bier ist groß, ebenso auch das übrige Angebot an alkoholischen Getränken. Abends nimmt allerdings die Lautstärke der Musik zu, und das Lokal verwandelt sich in eine Disko-Bar.

167 D1 Avenida del Saladar
928 16 60 12 tägl. 10–1 Uhr

Hong Kong €–€€

Wer einmal nicht spanisch bzw. kanarisch essen möchte, besucht das Hong Kong mit seinem typisch chinesischen Essen – es ist eines der wenigen asiatischen Lokale im Süden. Fisch und Gemüse sind garantiert frisch und sollten neben der Spezialität des Hauses – Ente – ebenfalls probiert werden.

167 D1 Cosmo Shopping Center
928 54 08 27
tägl. 12–24 Uhr

MORRO JABLE

Blue Marlin €–€€
Die Lage direkt am Wasser an der Fußgängerpromenade ist ideal, man sitzt an weiß eingedeckten Tischen entweder draußen oder im hellen Gastraum und genießt Fisch in Salzkruste oder eine Käsefondue. Spezialität des Hauses ist auf dem heißen Stein gebratenes Fleisch, das man selbst am Tisch zubreiten kann. Dazu werden verschiedene Saucen und Beilagen gereicht. Für Kinder gibt es eine extra Karte.

166 C1
Avenida Tomás Grau Gurrea s/n
928 16 62 87
tägl. 12–23 Uhr

Cofradía de Pescadores €
Sich in dieser Hafenkneipe unter die Fischer zu mischen, ist sicher eine Erfahrung, bequemer sitzt man allerdings draußen, wo man der Dauerberieselung durch den Fernseher entgeht und die zahlreichen Boote beobachten kann. Die Auswahl ist nicht groß, die Qualität aber hervorragend. Probieren Sie unbedingt fangfrischen Fisch, raffiniert angemachten Salat und *papas arrugadas*.

166 C1
Calle El Muelle
928 54 01 79
Mi–Mo 8–17 Uhr

Coronado €€€
Das Coronado ist eines der schicksten und angesagtesten Restaurants der ganzen Region. Hier können Sie üppige Menüs oder auch nur einen kleinen Snack bestellen – Lounge-Klassiker (z. B. Paella und Fondues für mehrere Personen), Vorspeisen und Tapas, Suppen und Salate, Steaks und Meeresfrüchte aller Art. Lassen Sie Platz für die unwiderstehlichen Desserts! Die Küche ist sehr gut und umfasst asiatische, französische, italienische und spanische Gerichte. Umfangreiche Weinkarte mit ausgesuchten Spitzenweinen runden das Angebot ab. Gelegentlich gibt es auch Livemusik und Shows.

166 C1
Calle El Sol, 14
928 54 11 74
www.restaurantecoronado.com
Do – Di 19 – 23 Uhr

Posada San Borondon II €
Das Lokal liegt versteckt hinter dem Hauptplatz in einem dunklen, einstöckigen Gebäude. Innen sorgen Unmengen Schinken, Knoblauch und landwirtschaftliche Geräte für eine gemütliche Atmosphäre. Auf der Speisekarte stehen an die 20 verschiedene Tapas, dazu gibt es abends Live-Musik.

166 C1
Peatonal La Piragua
928 54 14 28
Tägl. ab 12 Uhr bis spätabends

Saavedra Clavijo €€–€€€
Das etablierte Restaurant in der Altstadt ist die beste Wahl für Freunde eines guten Fischgerichtes. Im gut besuchten Lokal geht es meist hoch her. Die Gäste suchen sich ihren Fisch in der Vitrine aus oder bitten den Ober um eine Empfehlung.

166 C1
Avenida Tomás Grau Gurrea
928 16 60 80
Mo–Sa 12 Uhr bis spätabends

Vesubio €–€€
Das Lokal ist eigentlich eine Pizzeria und der ideale Ort, um die auf der Strandpromenade vorbeiflanierenden Leute zu beobachten. Die Speisekarte bietet neben 17 verschiedenen Pizzen und Pastagerichten auch Kanincheneintopf als kanarische Spezialität und frischen Fisch aus der Vitrine.

166 C1
Avenida Tomás Grau Gurrea
928 54 03 91
tägl. 11–22.30 Uhr

Wohin zum ...
Übernachten?

Preise
Für ein Doppelzimmer pro Nacht:
€ unter 60 Euro **€€** 60–90 Euro **€€€** 90–120 Euro **€€€€** über 120 Euro

JANDÍA PLAYA

Faro Jandía €€€

Das neue 4-Sterne-Hotel wurde in moderner kanarischer Architektur gebaut und liegt etwas zurückversetzt hinter der Durchgangsstraße etwa in Höhe des Leuchtturms. Es hat 214 geräumige Zimmer, die bevorzugt von Pauschaltouristen gebucht werden. Geboten werden ein abwechslungsreiches Abendprogramm, drei Kunstrasen-Tennisplätze und die kostenlose Benutzung des Wellness-Centers nebenan.

167 D1
Jandía Playa , Avenida del Saladar 17
928 54 50 35, www.hotelfarojandia.com

Iberostar Fuerteventura Palace €€€–€€€€

Dieses neue Hotel befindet sich am Hauptstrand von Jandía, hat große Einraum-Studios und Apartments mit einem oder zwei Schlafzimmern. Frühstück, Halbpension und All-inclusive sind möglich. Zu dem großen Komplex gehören ein Tennisplatz, Mehrwecksportplatz, mehrere Pools und ein schöner Spa-Bereich. Für Kinder und Teenager gibt es drei Mini-Clubs.

167 D1 **Urb. Las Gaviotas**
928 54 04 44
www.iberostarfuerteventurapalace.com

Robinson Club Jandía Playa €€€€

Der Club wurde 1970 als erster deutscher Club dieser Art auf der Insel gegründet. Heute wirkt er etwas anachronistisch inmitten all der großen Hotels und Amüsierlokale. Die Anlage wurde mehrfach ausgebaut und erweitert und bietet ihren Gästen einen der schönsten Strandabschnitte der Playa Matorral. Der Standard ist hoch, die Gäste haben die Wahl zwischen vielen Freizeit- und Unterhaltungseinrichtungen. Bekannt ist der Club vor allem für sein großes Sport- und Wassersportprogramm. Es gibt zehn Tennisplätze, 40 erstklassige Surfbretter und Segel, neun Katamarane und eine Tauchschule. In der Nähe, in Esquinzo, gibt es einen weiteren Robinson-Club.

167 D1 **Jandía Playa , Avenida del Saladar 928 16 91 00, aus Deutschland: 0511 56 78 01 04, www.robinson.de**

COSTA CALMA

Bungalows Risco del Gato €€€€

Obwohl von Hochhäusern umringt, bleibt das Luxushotel hinsichtlich Klasse und Stil unerreichbar. Die weißen Bungalows – sie erinnern an Häuser in Nordafrika – sind mit einem Schlafzimmer, einem runden Badezimmer mit Bullauge, einem eigenen Patio und einem halbrunden Wohnbereich, der auf die Gärten hinausgeht, ausgestattet. Es gibt zwei Pools auf unterschiedlichen Ebenen; die herrlich angelegten Gärten vermitteln den Gästen ein Gefühl von Großzügigkeit. Zur Anlage gehören ein neuer eleganter Thai-Spa, ein moderner Fitnessraum und ein Feinschmeckerlokal.

167 E3 **Calle Sicasumbre 2**
928 54 71 75, www.vikhotels.com

Río Calma €€€€
Auf den ersten Blick erinnert das Gebäude an eine große Kirche. Es liegt im Norden hoch auf einer Klippe mit Sicht über den ganzen Ferienort. Innen fühlt sich der Besucher in ein mittelalterliches Ambiente zurückversetzt. Ein Glaslift in der Form eines Märchenschlosstürmchens bringt die Gäste in den Wohnbereich, der im spanischen Kolonialstil mit Kolonnadengängen und Häusern in Pastelltönen gestaltet wurde. Mancher mag sich hier an die Altstädte von Barcelona oder Toledo erinnert fühlen. Der herrliche Garten geht auf eine Klippe hinaus. Alle 384 Zimmer haben einen Panoramablick aufs Meer, außerdem stehen den Gästen alle erdenklichen Einrichtung eines Luxushotels zur Verfügung: Spa, Gourmet-Restaurants, vier Pools, Tennisplätze, Minigolf und Unterhaltungsprogramme.

167 E3 El Granillo
928 54 60 50, www.r2hotels.com

ESQUINZO

Jandía Princess €€€€
Das große weiße Hotel ist im traditionellen Stil der Kanaren erbaut. 528 schicke Zimmer wurden in dreistöckigen Blocks mit Blick auf die schön angelegten Gärten untergebracht, die Anlage verfügt außerdem über drei große Pools – einer ist beheizt – und hat Zugang zur herrlichen und relativ ruhigen Playa de Butihondo.

167 D2 Urb. Esquinzo Butihondo
928 54 40 89, 902 40 61 36
www.princess-hotels.com

MORRO JABLE

Hotel XQ El Palacete €€€
Das El Palacete gehört mit lediglich 54 Zimmern, davon zwei Juniorsuiten, zu den kleineren Hotelanlagen auf Fuerteventura. Die zweistöckige Anlage liegt über dem Strand von Morro Jable, der über ein paar Treppenstufen erreicht wird und nur durch die autofreie Promenade vom Hotel getrennt ist. Von allen Zimmern genießt man eine wunderbare Aussicht aufs Meer und den Ferienort. Für auf Ruhe bedachte Gäste: es gibt keine störende Animation.

166 C1 Acantilado s/n
928 54 20 70, www.xqpalacete.com

PLAYA BARCA

Club Aldiana €€€€
Der Club unter deutscher Leitung ist für sein breites Sportangebot und die Spa- und Wellnessanlagen bekannt und gilt als einer der touristischen Pioniere der Region. Er entstand Ende der 1970er-Jahre und liegt in einem traumhaft angelegten Park, der zu einem schönen Strandabschnitt hinunterführt. Dort befinden sich die Tauchschule und ein Fischrestaurant. Die meisten Bungalows sind relativ einfach gehalten, doch gibt es auch einige Luxusvillen.

167 E2 Jandía Playa Service-Tel. in Deutschland 0234 9 61 03 52 04
www.aldiana.de

Meliá Gorriones €€€–€€€€
Architektonisch gibt es sicherlich schöne Hotels auf Fuerteventura, doch die Alleinlage an der Playa Barca, einem der berühmtesten Inselstrände, ist phänomenal. Das Gorriones ist von daher nicht von ungefähr immer gut gebucht, auch viele Surfer wissen die ideale Lage zu schätzen.Die Einrichtungen sind hervorragend: Über das weitläufige Areal verteilt liegen vier Pools, ein Tennisplatz, ein Spa und eine Sporthalle. Die bekannte Pro Centre René Egli Windsurf Schule (► 106) ist ebenfalls hier stationiert. Die Apartments im jüngst erweiterten Gebäudekomplex Casas del Mar bieten viel Komfort und herrliche Aussicht.

167 E2 Playa Barca
928 54 70 25 www.solmelia.com

Wohin zum ... Einkaufen?

JANDÍA PLAYA

Die Einkaufsmöglichkeiten im Süden beschränken sich weitgehend auf die Einkaufszentren von Jandía Playa und Costa Calma, wobei es in Costa Calma vorwiegend billige Andenken, Schmuck, Parfümerie, Duty-free-Elektroartikel und Schuh-Bazare gibt, in denen man um den Preis feilschen kann. Das **CC Cosmo** (das letzte Geschäft an der Hauptstraße nach Morro Jable) ist von allen noch das beste, ebenso der Juwelier **Continental**, bei dem die bekannten Markennamen vertreten sind. Der **Wochenmarkt** wird donnerstags neben dem Cosmo und sonntags morgens in Costa Calma abgehalten.

COSTA CALMA

Costa Calma kann zwar mit mehr Einkaufszentren als Jandía Playa aufwarten, doch ist das Angebot vergleichbar. Am besten ist das **El Palmeral** an der Hauptstraße an der Tankstelle.

Wer sehen will, was der wohl ausgestattete Surfer trägt, schaut im **Fuerte Action** vorbei; hier gibt es schicke Surfkleidung und Accessoires. Die Sportmarke hat René Egli, der Besitzer eines Wassersportzentrums (► 106), kreiert. Billig sind die Sachen zwar nicht, doch die Kleidungsstücke sind funktional und qualitativ absolut hochwertig verarbeitet. Nebenan verkauft Hodge Podge ebenfalls gute Surfartikel.
Im Einkaufszentrum bietet **Mystic** gute Aloe-Vera-Produkte und eine kleine Auswahl an Kunsthandwerk an. Naturprodukte und Kunsthandwerk ebenso wie Geschenkartikel und Souvenirs hat auch **The Earth Collection** im Sortiment.

Der Juwelier **First One** zählt zu den besten auf der Insel und bietet Schmuck für jeden Geldbeutel an. Eine Niederlassung befindet sich im LTI Esquinzo Beach Hotel in der Urbanisación Esquinzo Butihondo.

Im **Fuerte Cabrito** werden schicke Kleidung und Accessoires verkauft, viele mit dem allgegenwärtigen Logo der Insel: der Ziege. Zweigstellen finden sich in Morro Jable und Costa Calma.

Wer sich gern Blumen von den Kanarischen Inseln als Tischschmuck mitnehmen möchte, schaut im Strelitzias im **Centro Comercial Costa Calma** vorbei; die Blumen werden so geschickt verpackt, dass sie im Flugzeug ins Handgepäckfach passen. Gegenüber von dem Einkaufszentrum kann man sich in der Deutschen Buchhandlung mit Belletristik, Inselliteratur, Tageszeitungen und Nachrichtenmagazinen eindecken.

MORRO JABLE

Der alte Teil von Morro Jable bietet nur wenig interessante Geschäfte. In der Nähe des Platzes mit Cafés, Restaurants und Bars finden sich an der Calle Nuestra Señora del Carmen das **Fuerte Cabrito**.

Etwas oberhalb von der Altstadt von Morro Jable gibt es für Selbstversorger einen sehr gut sortierten **Supermercado Padilla** mit einem guten Angebot an Frischware und Käse aus Fuerteventura. Die Padilla-Kette unterhält im Süden außerdem Filialen u.a. in Jandía Playa (Centro Comercial Ventura) und Costa Calma (Centro Comercial Bahía Calma).

LA LAJITA OASIS PARK

Das Geschäft im La Lajita Oasis Park hat eine breite Palette an Geschenkartikeln im Angebot. Es lohnt sich, hereinzuschauen.

Wohin zum ... Ausgehen?

NACHTLEBEN

Im Süden Fuerteventuras beschränkt sich das Nachtleben größtenteils auf die großen Hotels und Clubanlagen. In Jandía Playa ist am meisten los, dort gibt es einige Disko-Bars. An Sommerwochenenden sollte man die Disko **Stella** im Hotel Stella Canaris, das Disko-Pub **Tequila** im CC Atlantico oder die **Cervecería Olímpico** am Meer ausprobieren.

Costa Calma – »die ruhige Küste« – macht seinem Namen alle Ehre. Nach Einbruch der Dunkelheit ist hier nicht mehr viel los, aber man kann im **PMP** (Disko-Pub) in der CC Cañada del Río oder in der Bar **Teide** des Sovento Beach Club (Avenida Jahn Reisen) vorbeischauen. Im **Fuerte Action** (➤ 100) geht es immer hoch her, und wenn jemand weiß, wo gerade eine Strandfete im Gange ist, dann sind es sicher die Surfer hier. Auf der anderen Straßenseite ist das **San Borondon I** nicht nur ein guter Tipp zum Essengehen (➤ 101), sondern auch zum Musikhören.

WASSERSPORT

Das **Pro Centre René Egli** am Strand von Sotavento zählt zu den renommiertesten Windsurf- und Kiteboard-Zentren Europas. Man kann sich von hervorragend qualifizierten Lehrern in die Grundzüge der Surftechnik einweisen lassen oder seine Fähigkeiten weiter ausbauen. Die Wassersporteinrichtungen und Kurse des Clubhotels **Aldiana** (➤ 104) stehen nur den hauseigenen Gästen offen.

Wer tauchen will, kann das im **Sotavento Beach Club** in Costa Calma (Tel. 928 54 70 60) oder im **Felix Barakuda Club** (Tel. 928 54 14 18, www.tauchen-fuerteventura.com) in Jandía Playa tun.

Zu einem Dorado der Wellenreiter avancierte La Pared an der rauen Westküste. Mehrere Surfschulen bieten dort Surf-Camps und Unterricht an, u. a. **Waveguru** (Tel. 619 80 44 47, www.waveguru.de) und **Adrenalin Surfschool** (Tel. 928 94 90 34, www.adrenalin-surfschool.com).

ANDERE SPORTARTEN

Wandern wird auf Fuerteventura immer populärer, auch auf der Halbinsel Jandía gibt es mittlerweile einige ausgeschilderte Routen. Sehr beliebt ist die Strecke von Morro Jable über einen Passübergang nach Cofete, vom Weiler El Puertito nahe dem Leuchtturm kann auch zur Steilküste über der Caleta Madera oder zur Punta Pesebre gewandert werden. Geführte Touren, auch in anderen Inselteilen und auf Lobos, organisiert das Team von **Time for Nature** (Tel. 928 87 25 45, www.timefornature.de).

Die Tennisschule **Matchpoint** (www.matchpoint-world.de) bietet auf der Halbinsel Jandía in verschienen Hotelanlagen (u.a. Robinson Club, Iberostar Fuerteventura Palace und Hotel Faro Jandía) Kurse mit deutschen Trainern an.

AUSFLÜGE

Ausgangspunkt ist der Hafen von Morro Jable. Hier starten die Touren zum Hochseefischen; Gruppen können eine Yacht chartern. Der Magic Cat Katamaran fährt von Morro Jable (Tel. 619 40 69 04). Wer einen Blick unter die Wasseroberfläche tun möchte, nimmt das **Subcat** (Tel. 900 50 70 06, www.subcat-fuerteventura.com), das 30 m tief abtaucht. Der gut einstündige U-Boot-Ausflug ist mit ca. 60 € pro Person nicht ganz billig.

Lanzarote

Erster Überblick	108
Erste Orientierung	110
An einem Tag	112
TOP 10	114
Nicht verpassen!	118
Nach Lust und Laune!	120
Wohin zum …	124

Kleine Erlebnisse

Architektonischer Genuss
Im Weiler Oasis de Nazaret bei Teguise lädt in einem ehemaligen Steinbruch das Lokal **Lag-O-Mar** (➤ 125) ein.

Lanzarotes wilde Nordküste
Die **Playa de Famara** nördlich von Teguise (➤ 119) begeistert mit ihren ungestüm heranrollenden Wellen nicht nur Surfer.

Mondäner Hafen
Westlich von Puerto del Carmen (➤ 123) können Sie in **Puerto Calero** über die Mole des Jachthafens bummeln.

Erster Überblick

Anreise nach Lanzarote

Von Corralejo fahren Expressschiffe und Katamarane nach Playa Blanca an der Südspitze sowie nach Puerto del Carmen an der Südostküste von Lanzarote.

Schiffsverkehr nach Playa Blanca

- Der von Fred Olsen betriebene **Katamaran** befördert Fahrzeuge und Passagiere und benötigt nur 20 Minuten für die Überfahrt. Der erste Katamaran nach Playa Blanca legt um 7.45 Uhr in Corralejo ab (am Wochenende um 9 Uhr); die letzte Rückfahrtsmöglichkeit von Playa Blanca besteht um 18 Uhr (Tel. 902 10 01 07, www.fredolsen.es).
- Der *Volcán de Tindaya* der Reederei Naviera Armas befördert Fahrzeuge und Passagiere in 30 Minuten zur Nachbarinsel. Das erste **Schiff** Richtung Playa Blanca legt um 8 Uhr in Corralejo ab, die letzte Rückfahrtsmöglichkeit ab Playa Blanca ist um 19 Uhr (Tel. 902 45 65 00, www.navieraarmas.com).
- Von Playa Blanca fährt ein für Fährpassagiere kostenloser **Bus** über Puerto del Carmen (Stopp am Einkaufszentrum Centro Comercial Biosfera Plaza) ins Zentrum von Arrecife. Dauer: 45 Minuten.

CÉSAR MANRIQUE

Der berühmteste Sohn Lanzarotes ist der große Künstler und Landschaftsarchitekt César Manrique (1919–92). Er entwarf nicht nur einige einzigartige Sehenswürdigkeiten, sondern konnte auch strenge Vorschriften durchsetzen, die den Charakter der Insel bewahrt haben. Trotz Manrique blieb Lanzarote allerdings nicht gänzlich von den negativen Folgen des Massentourismus verschont.

Günstigster Zeitpunkt

Am Montag haben einige Restaurants geschlossen. Wenn Sie Teguise besuchen wollen, vermeiden Sie den Samstag. Sonntags findet ein Markt statt.

Sightseeing auf Lanzarote

Für alle, die etwas mehr von der Insel sehen möchten, empfiehlt es sich, mit dem Mietauto von Fuerteventura nach Playa Blanca überzusetzen. Der in den letzten Jahren stark gewachsene Ferienort erstreckt sich mittlerweile mehrere Kilometer entlang der Südküste und zieht sich bereits weit ins Hinterland hinein. Eine sehr schöne Fußgängerpromenade verbindet die teils künstlich angelegten Badebuchten miteinander.

Wer ohne Auto anreist, kann alternativ einen Wagen vor Ort mieten, entweder am Hafen im Büro von Cabrera Medina oder im angrenzenden Einkaufszentrum bei einem der ortsansässigen Unternehmen. Cabrera Medina kostet in der Regel etwas mehr als die anderen Firmen auf Lanzarote, was bei einem Tag Aufenthalt aber nicht so sehr zu Buche schlägt. Cabrera Medina: Tel. 928 82 29 00, www.cabreramedina.com.
Die Alternative zum relativ günstigen Mietwagen ist ein Taxi, eine Tagesfahrt über die Insel kostet rund 160 Euro.

Touristeninformationen

Die Touristeninformation von Playa Blanca liegt 10 Fußminuten vom Hafen entfernt. Das Büro in Puerto del Carmen befindet sich am Strand; vom

WELCHER WEIN?
Weine von Lanzarote tragen auf dem Etikett eine geschützte Herkunftsbezeichnung (Denominación der Origen, D.O.). Hauptanbaugebiet ist die Region La Geria, in der auch der Marktführer **El Grifo** (www.elgrifo.com) ausgedehnte Weinberge kultiviert. Der früher gekelterte schwere Malvasier wurde in den letzten Jahrzehnten mehr und mehr von leichteren Weinen zurückgedrängt, vornehmlich von trockenen *(seco)* und halbtrockenen *(semi seco)* Weiß- und Rotweinen aus den Rebsorten Listán blanco, Listán negro, Negramol und Moscatel.

In den Bodegas an der Weinstraße von La Geria kann man die verschiedenen Weine verkosten und einen Blick auf die kargen Lavafelder werfen, auf denen nach einem ausgeklügelten System Wein angebaut wird.

Hafen läuft man ungefähr eine halbe Stunde dorthin.

- Playa Blanca: Calle Limones, Tel. 928 51 81 50
- Puerto del Carmen: Avenida de las Playas, Tel. 928 51 33 51

Beide: Mo–Fr 10–17 Uhr; Juli–Sept. 10–16 Uhr
www.turismolanzarote.com

Einkaufen

Generell finden Sie in den Geschäften das gleiche Angebot wie auf Fuerteventura, jedoch ist die Auswahl größer und die Qualität in der Regel besser.

Einzigartig auf Lanzarote sind drei »Produkte«: Vulkane, Weine (s. u.) und ein Herr namens César Manrique (► Kasten links), alle drei werden auf vielfältige Weise vermarktet.

Bei sämtlichen von Manrique geschaffenen Sehenswürdigkeiten werden schicke T-Shirts, Accessoires, Schmuck, Poster und andere Souvenirs verkauft, die vom Künstler entworfen wurden oder irgendwie mit seiner Person in Verbindung stehen. Läden der **Fundación César Manrique** finden Sie in Puerto del Carmen, Playa Blanca, Arrecife sowie Teguise, sie bieten ein breites Warenangebot.

Die **Kunsthandwerker** von Lanzarote kreieren wunderschönen Schmuck – vor allem Stücke mit schwarzer Lava und grünem Olivin. Der Halbedelstein besteht aus 10–15% Eisen und 85–90% Magnesium. Das wertvollste Naturmineral der Insel findet man häufig in Basalt eingeschlossen.

Erste Orientierung

Eine Fahrt durch das ländliche Lanzarote zeigt die Insel wie im Bilderbuch: schwarze Lavafelder kontrastieren mit weißen Fincas, daneben setzt oftmals eine Dattelpalme einen grünen Akzent. Im Unterschied zu Fuerteventura fällt sofort der andere Architekturstil auf.

Ein paar Kilometer nördlich des Ferienorts Playa Blanca liegt Yaiza, ein Vorzeigedorf und zugleich das Tor zum Parque Nacional de Timanfaya. Hier befand sich 1730–36 das Zentrum des gewaltigen Vulkanausbruchs, dem Lanzarote sein heutiges charakteristisches Aussehen verdankt.

Im Südosten des Nationalparks liegt der größte Ferienort Lanzarotes: Puerto del Carmen. Wie in Corralejo blieb der alte Fischerhafen an der langen Strandpromenade erhalten. Nordwestlich davon erreicht man die Inselhauptstadt Arrecife. Sie ist eine interessante Mischung aus Alt und Neu, hat einige besuchenswerte Geschäfte, eine malerische Lagune und eine sehenswerte Kunstsammlung.

Gen Norden befindet sich bei Tahiche der ehemalige Wohnsitz von César Manrique (► 108), den er in die Vulkanhöhlen hineingebaut hat. Ein Stück nördlich liegt die alte Hauptstadt Teguise mit wunderschön erhaltenen Häusern und Palästen, die teilweise aus dem 15. Jh. stammen.

Die größten Attraktionen der Insel liegen weiter nördlich und östlich – zum einen die Werke von Manrique – Jameos del Agua, Jardín de Cactus und Mirador del Río –, zum anderen Haría, das »Dorf der tausend Palmen«.

In der Nähe von El Golfo liegt ein eingestürzter Vulkan, in dessen Krater sich eine leuchtend grüne Lagune gebildet hat

TOP 10

9 Parque Nacional de Timanfaya ➤ 114

10 Jameos del Agua ➤ 116

Nicht verpassen!

29 Teguise ➤ 118

Nach Lust und Laune!

30 El Golfo ➤ 120

31 La Geria ➤ 120

32 Fundación César Manrique ➤ 120

33 Haría ➤ 121

34 Mirador del Río ➤ 121

35 Cueva de los Verdes ➤ 122

36 Jardín de Cactus ➤ 122

37 Arrecife ➤ 122

38 Puerto del Carmen ➤ 123

An einem Tag

Die folgende Routenbeschreibung geht davon aus, dass Sie mit Ihrem Mietwagen nach Lanzarote übersetzen. Die Strecke ist eine Möglichkeit, wie Sie einige der interessantesten Sehenswürdigkeiten der Insel an einem Tag besuchen können. Nutzen Sie die Karte zur Orientierung, die einzelnen Highlights werden im Folgenden näher beschrieben.

Vormittags

Nehmen Sie die erste Volcán-de-Tindaya-Fähre, dann erreichen Sie Playa Blanca auf Lanzarote etwa um 7.30 Uhr. Fahren Sie auf der LZ2 in Richtung Yaiza und biegen Sie nach 10 km links ab, um 30 **El Golfo** (➤ 120) zu besichtigen. Fahren Sie anschließend wieder auf die LZ2 zurück und biegen Sie nach gut 2 km links zum ★9 **Parque Nacional de Timanfaya** ab (➤ 114f, ab 9 Uhr geöffnet, Abb. rechts). Hier können Sie einen Kaffee trinken und sich die »Vulkaneffekte« von den Rangern zeigen lassen. Lohnenswert ist auch die 35-minütige Bustour.

Weiter geht es wieder in Richtung Yaiza. Biegen Sie links auf die LZ2 und nach 1 km links auf die LZ30 ab, eine landschaftlich eindrucksvolle Straße, die mitten durch das Weinbaugebiet 31 **La Geria** (➤ 120) führt. Etwa 100 m hinter der Bodega Geria sehen Sie die Bodega El Chupadero. Das Lokal ist zauberhaft, kehren Sie hier für einen Kaffee oder ein Mittagessen ein (➤ 125).

Auf der LZ30 erreichen Sie nach weiteren 13 km das **Monumento al Campesino**, eine abstrakte Statue von César Manrique, die die Mitte der Insel markiert. Auch die dortige Bodega ist gemütlich und einladend.

Nachmittags

Auf der gleichen Straße geht es weiter nach 29 **Teguise** (➤ 118), das während der Kolonialzeit die Hauptstadt der Insel war. Besichtigen Sie den Palacio Herrera und bummeln Sie durch die Gassen und über die gepflasterten Plätze. Neben architektonischen Kleinoden und liebevoll restaurierten alten Häusern finden Sie auch einige hübsche Geschäfte im Ort. Gegen 14 Uhr sollten Sie wieder an den Aufbruch denken. Gleich hinter dem Castillo de Santa Bárbara biegen Sie rechts nach Teseguite ab und nach weiteren 6 km links auf die LZ1. Nach 1 km ist Guatiza rechts ausgeschildert, nach weiteren 3 km erreichen Sie den 36 **Jardín de Cactus** – ein modernes »botanisches Kunstwerk« von César Manrique (➤ 122). Das Café dort ist hübsch, doch behalten Sie die Uhr im Auge.

Fahren Sie weiter gen Norden, wobei Sie nach gut 1 km wieder die LZ1 erreichen. Nach 3 km sind rechts die 10 **Jameos del Agua** (➤ 116f) ausgeschildert. Um sich alles in Ruhe anzusehen, sollten Sie eine Stunde einplanen. Gegen 16.15 Uhr fahren Sie auf der LZ1 in Richtung Süden nach 37 **Arrecife** (➤ 122; Abb. links) weiter. Nehmen Sie dort die Umgehungsstraße *(circunvalación)* und folgen Sie dann der Beschilderung nach Tias und Yaiza, nach einer Stunde Fahrt über eine Schnellstraße sehen Sie wieder die ersten Häuser von Yaiza. Wenn die Zeit reicht, empfiehlt sich eines der Fischlokale in Arrieta, bevor es dann über die Schnellstraße wieder zum Hafen von Playa Blanca zurückgeht.

9 Parque Nacional de Timanfaya

Der Nationalpark Timanfaya ist auch unter dem Namen Montañas del Fuego (Feuerberge) bekannt und zählt zu den ungewöhnlichsten Landschaften der Erde. Doch die Erde erscheint ewig weit weg, wenn man den Blick über dieses verbrannte Terrain schweifen lässt: Die Vulkane mit ihren weit aufklaffenden Kratern und das rot-braun-schwarze Ödland vermitteln den Eindruck, als befinde man sich auf einem anderen Stern.

Timanfaya in seinem heutigen Erscheinungsbild entstand im Wesentlichen zwischen 1730 und 1736 als Folge von insgesamt 26 Vulkanausbrüchen. In dieser Zeit wurde ein Viertel der Insel zerstört, elf Dörfer unter Lava und Asche begraben. Da die Vulkane auf Lanzarote nur langsam ausbrachen, blieb ausreichend Zeit, die Bewohner rechtzeitig zu evakuieren.

Mit Kamel oder Bus

Am besten fährt man von Süden in den Nationalpark. Die Vulkanlandschaft beginnt gleich nördlich von Yaiza; ein schelmischer Teufel von César Manrique heißt die Gäste im Park willkommen. Aus Naturschutzgründen ist es verboten, das Fahrzeug zu verlassen und zu Fuß durch das *malpaís*, das »schlechte Land«, zu wandern. Dies ist nur mit einem offiziellen Führer gestattet. Der erste Halt ist somit der **Echadero de los Camellos** (»Kamelpark«). Hier geht es oft etwas chaotisch zu, da hier alle Ausflugsbusse Halt

***Malpais*, das »schlechte Land«, nennen die Einwohner diese unvergessliche Landschaft**

Einzig die Erdhitze befeuert den Vulkangrill

machen und sich stets zahlreiche Gäste für einen **Kamelritt** auf den Berg hinauf anstellen.

Hinter der Zahlstelle fahren Sie noch ein kurzes Stück in den Park hinein und können Ihr Auto am Besucherzentrum abstellen. Dort demonstriert ein Parkmitarbeiter anschaulich die bis heute andauernde Aktivität des Vulkans: So ruft ein in eine Röhre im Boden gegossener Kübel Wasser einen Geysir hervor; ein in eine Spalte geworfener trockener Ast fängt augenblicklich Feuer. Und schließlich darf ein Mutiger aus dem Publikum eine Hand voll – heiße! – Erde in der Hand halten.

Regelmäßig starten die Busse für die 35-minütige Vulkanrundfahrt **Ruta de los Volcanes**, die Ihnen einen guten Überblick über das Zentrum des Parks vermittelt. Während der Busfahrt wird Ihnen die Landschaft auf Deutsch erklärt, stimmungsvolle Musik verstärkt noch den einzigartigen Landschaftseindruck.

KLEINE PAUSE

Im Restaurant genießt man einen 360-Grad-Rundblick. Das Fleisch brutzelt auf einem durch aufsteigende Erdhitze »befeuerten« **Vulkangrill** – die Qualität ist sehr gut (Reservierungen unter Tel. 928 17 31 05, 12–15.30 Uhr, Café/Bar 9–16.45 Uhr).

168 B2/3 928 17 37 89, www.centrosturisticos.com tägl. 9–17.45, im Sommer bis 18.45 Uhr, letzte Bustour 17 bzw. 18 Uhr 9 €

BAEDEKER TIPP

- Ob Sie sich die **geothermische Vorführung** vor oder nach der Bustour ansehen, ist gleichgültig– sie wird den ganzen Tag über ständig wiederholt.
- Es werden zwei **Wanderungen** in den Parque National de Timanfaya angeboten. Auf der kostenlosen Wanderung werden Sie von einem Parkmitarbeiter begleitet, Ausgangspunkt ist das Besucherzentrum Mancha Blanca (Tel. 928 84 08 39, Reservierung erforderlich, im Internet unter www.reservasparquesnacionales.com). Eine weitere Tour bietet Canary Trekking an. Das Unternehmen wurde von ehemaligen Parkmitarbeitern gegründet. Die Wanderung ist länger und recht teuer, lohnt aber auf jeden Fall (Tel. 609 53 76 84, www.canarytrekking.com).
- Wer noch nie auf einem **Kamel** geritten ist, kann hier einen ersten Versuch wagen; das Gedränge ist allerdings groß.

10 Jameos del Agua

Viele finden, dass diese Schauhöhlen das beeindruckendste Werk von César Manrique sind. Wenige wissen, dass die Höhlen auch seine ersten touristischen Projekte auf der Insel waren. Ein *jameo* (sprich: chameo) entsteht, wenn extrem heißes Vulkangas durch massives Gestein schießt und so einen Schlot oder eine Höhle in das Gestein schmilzt. Der jameo selbst ist der oberste Teil eines solchen Schlots, der später eingestürzt ist, sodass heute Licht in die Höhle fällt. Manrique gestaltete zwei dieser *jameos* und einen Lavakanal, der zwischen ihnen verläuft, in eine Fantasy-Grotte um.

Einer der *jameos* ist heute ein idyllisches Schwimmbecken

Wenn man den ersten *jameo* betritt, findet man sich in einer kühlen, dunklen Café-Bar mit wild wuchernden Tropenpflanzen wieder. Sobald sich die Augen an das Zwielicht gewöhnt haben, kann man Nischen und kleine Alkoven ausmachen, die nachts ein Eigenleben entwickeln – als Restaurant, in dem gelegentlich Musikveranstaltungen (➤ unten) stattfinden. Daneben liegt eine Höhle mit einem dunklen See. Bei genauem Hinsehen erkennt man, dass das ruhige Gewässer von Hunderten von winzigen, fluoreszierenden Albinokrebsen besiedelt ist. Sie lebten einst in den Tiefen des Ozeans. Heute ist der See der einzige Ort auf Erden, an dem sie noch zu finden sind.

Pool und Vukanhaus

Wenn man aus der Dunkelheit wieder ans Tageslicht tritt, erwartet den Besucher eine Überraschung: Der zweite *jameo* ist ein leuchtend blauer **Pool** im Südseestil.
Am hinteren Ende des Pools beherbergt die letzte Höhle ein Auditorium mit nahezu perfekter Akustik; hier finden Folklore-Shows und Konzerte statt.

Genießen Sie die besondere Atmosphäre in dieser Vulkanhöhle

Geht man die Treppen hinauf, steht man in der **Casa de los Volcanes** (Vulkanhaus) mit einer interaktiven Ausstellung und einem Forschungszentrum. Die Einführung in die Welt der Vulkane ist hervorragend, hier erfährt man alles Wissenswerte über den Vulkanismus auf Lanzarote und den übrigen Kanareninseln.

KLEINE PAUSE

Am Anfang und am Ende der Besichtigungstour gibt es jeweils ein Lokal. Das erste empfinden viele als arg schummrig, das zweite befindet sich oberhalb des Pools. Beide bieten Imbisse an – allerdings recht teuer.

---

169 F4
928 84 80 20, www.centrosturisticos.com
tägl. 10–18.30, Sa auch 19–22 Uhr 9 €
Restaurants 928 84 80 24 Sa 19.30–1.45 Uhr €€€

BAEDEKER TIPP

- Wer Zeit hat, sollte die **Cueva de los Verdes** besichtigen, die zum gleichen unterirdischen Höhlensystem gehört. Der Eingang liegt nur ein paar hundert Meter entfernt (► 122). Hier können Sie einen Vergleich zwischen Manriques künstlich gestalteten und diesen Naturhöhlen ziehen.
- Im nur fünf Autominuten entfernten Arrieta lädt das **El Amanacer** (► 125) zu Fisch und Meeresfrüchten ein.

29 Teguise

Teguise wurde im 15. Jh. gegründet und ist somit die älteste Stadt Lanzarotes. Die Konquistadoren machten sie zu ihrer Kapitale – und das blieb sie bis 1852. Viele der weiß getünchten Häuser im Kolonialstil wurden in den letzten Jahren liebevoll restauriert; sie beherbergen heute erstklassige Restaurants und noble Geschäfte.

Teguise ist klein und hat kein modernes Neubaugebiet, in den schmalen Gassen hält sich der Verkehr in Grenzen. Es dauert nur zehn bis 15 Minuten, um von einem Ende der Stadt zum anderen zu spazieren, man kann sich also ohne Eile einfach so treiben lassen.

Sechs Tage pro Woche liegt Teguise in einer Art Dornröschenschlaf, doch dann drängen am Sonntag Tausende von Touristen auf den **Markt**, der sich über die gesamte Innenstadt verteilt. Die deutschen und englischen Markstände mit Essen aus der Heimat sind allerdings nicht der Renner. Volkstänzer und Musiker treten am Hauptplatz auf, der von der schönen Kirche **Nuestra Señora de Guadalupe** beherrscht wird. Der Innenraum wurde jedoch nach einem Feuer 1909 lieblos restauriert und enttäuscht.

Hier steht auch der **Palacio Spínola**, der zwischen 1730 bis 1780 errichtet wurde und ein Timple-Museum *(casa-museo)* beherbergt. Es lohnt sich, auch einen Blick in die Bank Caja Canarias zu werfen (So geschl.); sie diente einst als Getreidespeicher (1680). Unweit des Hauptplatzes liegt die Plaza 18 de Julio, die von historischen Gebäuden gesäumt wird. In einigen von ihnen befinden sich Geschäfte und Lokale. Ein weiteres, malerisch weißes Gebäude mit einem typisch kanarischen Balkon liegt ganz in der Nähe: Die Casa Cuartel war früher eine Kaserne.

Immer sonntags findet der beliebte Markt statt

Die Iglesia de Nuestra Señora de Guadalupe ragt über Teguise auf

Sakrale Kunst

Eines der beiden Klöster der Stadt hat ebenfalls eine neue Funktion. Der Convento de Santo Domingo aus dem 18. Jh. beherbergt heute eine Ausstellung moderner Kunst, während der schöne Convento de San Francisco ein Museum für sakrale Kunst ist.

Zwischen letztgenanntem Kloster und der Kirche sollte man den **Palacio del Marqués** in der Calle Marqués de Herrera y Rojas besichtigen. Sie wurde 1455 erbaut und ist das älteste Gebäude der Stadt. Heute befindet sich darin eine Tapas-Bar.

KLEINE PAUSE

Wer die Wahl hat, hat die Qual: die Bodega Santa Barbara (Calle Cruz 5, Tel. 928 84 52 00) ist genauso empfehlenswert wie die Bodeguita de Medio (➤ 125).

---

169 D3
www.turismoteguise.com

Convento de Santo Domingo
Calle de Santo Domingo 928 84 50 01
So–Fr 10–15 frei

Palacio Spínola
Plaza de la Constitution 928 84 51 81
Mo–Fr 9–16, So 10–15 Uhr; Juli–Sept. 10–14 Uhr

Palacio del Marqués
Calle Marqués de Herrera y Rojas 609 47 50 43
Mo–Sa 9–16.30, So 9–15.30 Uhr

Castillo de Santa Barbara
1 km nordöstlich von Teguise 928 84 50 01
Mo–Fr 10–15.30, Sa 10.30–14.30 Uhr 3 €

BAEDEKER TIPP

- Teguise sollte man am **Sonntag** besuchen, denn dann sind nicht nur die Marktstände, sondern auch alle Geschäfte geöffnet.
- Das **Castillo de Santa Bárbara** (16. Jh.) auf dem Berg über Teguise beherbergt ein **Piratenmuseum**. Allein die herrliche Aussicht lohnt schon den Aufstieg.
- Ca. 12 km nördlich von Teguise liegt das kleine Dorf Caleta de Famara. Hier erstreckt sich der längste Strand Lanzarotes, die **Playa de Famara**.

Nach Lust und Laune!

30 El Golfo

In der Umgebung des kleinen weißen Fischerdorfs erwartet Sie eine bizarre Küsten- und Vulkanlandschaft. Von Süden kommend, gibt es zwei Anfahrtsmöglichkeiten. Die erste ist mit »Charco de los Clicos« ausgeschildert und führt an zerklüfteten und geriffelten Klippen vorbei zu einem schwarzen Lavastrand und zu bizarren Felsformationen. Hinter dem Strand ist die Hälfte des Vulkans El Golfo abgebrochen und bildet nun eine Art Amphitheater in allen Schattierungen von Orange bis Rot. Hauptsehenswürdigkeit ist die Lagune in sattem Smaragdgrün, deren Farbe wohl durch die Algen hervorgerufen wird.

Den schönsten Blick auf die Lagune hat man natürlich von oben. Den erhöht verlaufenden Fußweg erreicht man vom Dorf aus, er ist mit »El Golfo« ausgeschildert.

168 B2

31 La Geria

Lanzarotes Weinregion ist weltweit einzigartig, denn hier werden die Weinstöcke in Senken gepflanzt, damit sie besser in der Vulkanerde gedeihen können. Jede Senke ist mit einer etwa 1 m hohen hufeisenförmigen Steinmauer umgeben. So soll die geringe Feuchtigkeit von der Lava gehalten und gleichzeitig die Pflanze vor Wind geschützt werden. Die unzähligen so genannten *zocos* bilden vor der dunklen Lavalandschaft ein eindrucksvolles grafisches Muster. Wer auf der LZ30 von Uga zum Monumento al Campesino fährt, kann einen Blick auf dieses Weinbaugebiet werfen. Und wer im Anschluss einen der Weine probieren möchte, kann dies in den Bodegas entlang der Straße tun.

168 C2

32 Fundación César Manrique (El Taro de Tahiche)

Die Stiftung César Manrique fördert künstlerische Aktivitäten in den Themenbereichen Umwelt und Kultur und wurde 1982 von Manrique (► 108) persönlich ins Leben gerufen. Ihren Sitz hat sie im Taro de Tahiche, dem eindrucksvollen Wohnsitz des Künstlers. Wie Jameos del Agua (► 116f), das früher gebaut wurde, ist auch El Taro de Tahiche auf einem Lavastrom errichtet worden – die *jameos* bestimmen ganz wesentlich

BAEDEKER TIPP

- **Ungewöhnliche Sehenswürdigkeiten** an der Südwestküste
  El Golfo: eine leuchtend grüne Lagune, eingerahmt von einem halben Vulkan (► 120); Los Hervidores: Höhlen und Grotten, in denen das Meer blubbert und schäumt, Salinas de Janubio: die größten noch bewirtschafteten Salzpfannen Lanzarotes
- Zauberhafte **Exkursionen** unter der Erde
  Taro de Tahiche: César Manriques geniales Wohnhaus (► 120f), Jameos del Agua: eine witzige Fantasy-Grotte (► 116f), Cueva de los Verdes: Hier bahnten sich einst kochende Lava und Gas ihren Weg durch die Erde (► 122)
- Herrliche **Ausblicke**
  Mirador del Río (► 121f), einer der spektakulärsten Aussichtspunkte weit und breit, und Castillo de Santa Bárbara, Teguise (► 119)

Eine ausgeklügelte Anbautechnik sichert den Reben in La Geria das Wasser

das Aussehen des Hauses. Im Gebäude zeigt eine Ausstellung zeitgenössische Kunst mit vielen Werken von Manrique. Größte Sehenswürdigkeit ist aber das Haus an sich.

169 E2 Tahiche 928 84 31 38, www.fcmanrique.org tägl. 10–18 Uhr 8 €

33 Haría

Das reizende Städtchen mit seinen weißen, kubusartigen Häusern liegt im »Tal der tausend Palmen«; es drängen sich unwillkürlich Vergleiche mit nordafrikanischen Oasen auf. Haría ist bekannt für sein Kunsthandwerk und lockt mit einigen sehr schönen Geschäften. Die kurze Allee, eine Fußgängerzone, schaut man sich am besten am Sonntag an, dann ist sie Schauplatz eines Kunsthandwerksmarktes. Die Allee führt auch zur Kirche und dem angrenzenden **Museo de Arte Sacro** (Museum für sakrale Kunst).

169 E4 Museo de Arte Sacro 928 83 50 11 Mo–Sa 9–15 Uhr 1,50 €

34 Mirador del Río

Der Aussichtspunkt war früher eine Geschützstellung und zählt zu den spektakulärsten Aussichtspunkten des ganzen Archipels. César Manrique hat ihn sorgsam angelegt: Weder der Eingang noch der geschwungene Korridor, durch den man den Hauptraum erreicht, lassen ahnen, was als Nächstes kommt – ein weiter Panoramablick durch raumhohe Fenster auf die Isla la Graciosa und die blaue Meerenge von El Río. Man kann

nach draußen gehen, um die schöne Lage an den Steilklippen zu genießen, die hier 450 m tief ins Meer stürzen.

169 E4
tägl. 10–17.45 Uhr
www.centrosturisticos.com
4,50 €

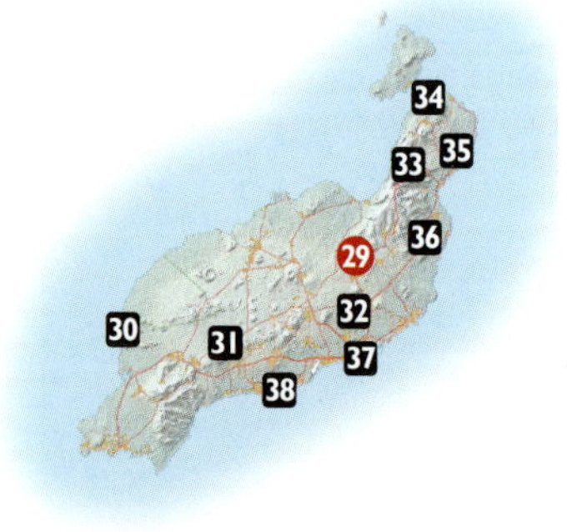

35 Cueva de los Verdes

Der Volcán de la Corona, der die Jameos del Agua (► 116f) schuf, brachte auch die Cueva de los Verdes hervor. Der Name geht auf eine Familie zurück, die einst hier lebte. Im 16. und 17. Jh. nutzen die Inselbewohner die Höhle, um sich vor Piraten und Sklavenhändlern zu verstecken. Im Rahmen einer **Führung** lernt man das 2 km lange Labyrinth kennen, das kunstvoll beleuchtet wird.

169 E4

928 84 84 84, www.centros turisticos.com

tägl. 10–18 Uhr (letzter Einlass 17 Uhr)

9 €

KOSCHENILLE-LÄUSE

Neben dem Parkplatz des Jardín de Cactus fällt der Blick auf ausgedehnte Felder mit Feigenkakteen (Opuntien): Sie locken Koschenille-Läuse (Parasiten) an, aus denen – getrocknet und zermalmt – Koschenille gewonnen wird. Der leuchtend rote Farbstoff wird von der Lebensmittel- und Getränkeindustrie verwendet.

36 Jardín de Cactus

Selbst wer kein großer Gartenfan ist, dürfte von dieser Anlage begeistert sein. In einem ehemaligen Steinbruch finden sich 10 000 Kakteen in allen Größen, Formen und Farben – sogar gelbe und pinkfarbene. Unter den Wüstenpflanzen sind Ohrenkakteen, Rieseneuphorbien und Schlangenkakteen. Die surrealistische Szenerie runden bizarre Vulkanfelsen im Stil von Dalí sowie eine Windmühle ab. Die Anlage war eine der letzten Arbeiten von Manrique und eine seiner liebsten.

169 E3 **zwischen Guatiza und Mala**

928 52 93 97, www.centrosturisticos.com

tägl. 10–18 Uhr, letzter Eintritt 17.45 Uhr

5,50 €

37 Arrecife

Früher stattete man der Inselhauptstadt eigentlich nur an Regentagen einen Besuch ab, um zum Einkaufen zu gehen. Doch die Stadtoberen haben sich viel Mühe bei ihrer

Über 10 000 Kakteen in allen Größen und Farben gedeihen im Jardín de Cactus

Es macht Spaß, in Arrecife am Meer entlang zu spazieren

Verschönerung gegeben, sodass die Stadt inzwischen bei jedem Wetter ein lohnendes Ausflugsziel ist. Die Promenade wird von tropischen Gärten gesäumt, der Musikpavillon wirkt seit seiner Restaurierung wie aus dem Bilderbuch stammend. Jeden Mittwoch findet hier ein hübscher **Kunsthandwerksmarkt** statt. Landeinwärts stehen einige Reihen mit restaurierten Häusern unterschiedlicher Stilrichtungen und Epochen. Ein Fußweg führt zum **Castillo de San Gabriel** (1590), in dem ehemals ein archäologisches Museum untergebracht war und das heute nur für Ausstellungen geöffnet ist.

Durch die Fußgängerzone erreichen Sie die malerische Iglesia de San Ginés, eine herrlich restaurierte Kirche aus dem 18. Jh. Der dahinter liegende **Charco (Lagune) San Ginés** ist ideal für einen gemütlichen Spaziergang, bei dem man die hier dümpelnden Boote beobachten und eines der vielen Lokale besuchen kann.

Ein Stück weiter am Hafen vorbei erreicht man die Hauptattraktion der Stadt, das Castillo de San José. Es wurde im späten 18. Jh. erbaut und von César Manrique restauriert; heute befindet sich hier das anerkannte **Museo Internacional de Arte Contemporáneo** (Museum für zeitgenössische Kunst). Die ausgestellten Werke wechseln, doch findet man fast immer einen Picasso oder Miró und natürlich Arbeiten von Manrique. Der Kontrast zwischen den alten dunklen Steinen und den modernen Kunstwerken ist beeindruckend. In der Burg ist auch ein sehr empfehlenswertes Restaurants (► 124) untergekommen.

169 D2

Museo Internacional de Arte Contemporáneo, Castillo de San José, Carretera de Puerto Naos

928 81 23 21, www.centrosturisticos.com

tägl. 10–20 Uhr 4 €

38 Puerto del Carmen

Puerto del Carmen ist der wichtigste Ferienort Lanzarotes. Die Avenida de las Playas wird von unzähligen Restaurants, Kneipen und Nachtlokalen gesäumt, die Strände ziehen sich bis fast zur halben Wegstrecke nach Arrecife. Geschäfte gibt es mehr als genug, Lokale nicht minder. Das schönste Stadtviertel erstreckt sich rund um den Hafen.

168 C2

Wohin zum ... Essen und Trinken?

Preise
Für ein Essen ohne Getränke:
€ unter 15 Euro **€€** 15–25 Euro **€€€** über 25 Euro

PUERTO DEL CARMEN

Bodega €€–€€€
Suchen Sie sich einige Tapas an der gemütlichen Tapas-Bar aus oder setzen Sie sich in das zur Straße offene Hauptrestaurant. Spezialität des Hauses sind Steaks und Gegrilltes, aber man kann auch einfach in der Bar ein Glas exzellenten Hauswein trinken und sich dazu eine Portion gebratenen Ziegenkäse mit Preiselbeeren gönnen. Das Restaurant liegt im Herzen der Altstadt oberhalb vom Hafen.
168 C2 Calle Roque Nublo 3
928 51 29 53 tägl. 13–24 Uhr

Bodegón El Sardinero €€–€€€
Das Restaurant zählt für Fischliebhaber zu den besten in der Altstadt. Das größere und förmlichere Lokal befindet sich unten am Platz an der Mole. Der Speisesaal liegt über einer beliebten, aber lauten Bar mit Blick über den Hafen. Ein paar Meter bergauf, dort wo die Restaurants mit dem Balkonen beginnen, findet Sie einen kleinen Ableger des Bodegón, hier geht es gemütlicher zu, die Tische sind mit karierten Tischdecken gedeckt.
168 C2 Calle Tenerife (oberes Restaurant) 928 51 21 28 tägl. 12–23 Uhr Restaurant an der Mole
928 51 18 47 tägl. 12–23 Uhr

La Lonja €€
Das Lokal im Altstadtviertel direkt am Hafen war früher die Fischhalle von Puerto del Carmen, heute gibt es dort ein stimmungsvolles Lokal. In der meist vollen Bar im Erdgeschoss kann man bei einer Tapa ein Bier oder ein Gläschen Inselwein trinken, oder im Gastraum darüber eine Portion Fisch genießen.
168 C1 Calle Varadero s/n
928 51 13 77 tägl. 12–24 Uhr

ARRECIFE

Castillo de San José €€–€€€
Wem moderne Kunst gefällt, den spricht sicher das von César Manrique entworfene Restaurant an – kühnes Design mit Holzböden, schwarzen Plastiksesseln im Stil der 1960er-Jahre und Panoramafenstern mit Meerblick. Starten Sie mit Engelsfisch und Lachs-Carpaccio, probieren Sie dann eine Steinbrasse (*cerne*) mit Garnelen oder Thymian oder auch ein flambiertes Steak und nehmen Sie als Nachtisch noch ein Gofio-Eis.
169 D2 Carretera de Puerto Naos
928 81 23 21 tägl. 13–15.45, 19.30–23 Uhr, Bar 11–24 Uhr

Emmax €€
Dieses Restaurant und Café eröffnete 2007 in einem typisch kanarischen, eingeschossigen Haus mit moderner stilvoller Einrichtung. Die Karte wechselt jeden Tag, die Küche ist modern kanarisch mit italienischem Einfluss. Probieren Sie die schwarzen Nudeln mit Garnelen in Orangensauce oder nehmen Sie den Seebarsch (es gibt immer eine frische Fischauswahl). Auch der Salat ist sehr gut.
169 D2 Avenida Playa Honda 21
928 82 09 17 Mi–Mo 12–24 Uhr

TEGUISE

Bodeguita del Medio €–€€
Die stimmungsvolle kleine Tapas-Bar in einem historischen Gebäude bietet auch Tische auf dem Gehsteig; die Speisekarte ist in die Holztische eingeritzt. Ein angeschlossenes Geschäft verkauft einheimische Spezialitäten.
169 D3
Plaza Clavijo y Fajardo 5
928 84 56 80
Mo–Fr 12–21, Sa/So 12–16 Uhr

Lag-O-Mar €€–€€€
Im Weiler Oasis de Nazaret nur unweit südlich von Teguise bietet das Lag-O-Mar in einem ehemaligen Steinbruch mediterrane und heimische Küche. Das Ambiente ist unvergesslich; besonders schön leuchtet das Vulkangestein in den Abendstunden.
169 D3 C/Los Loros, 2, Nazaret
928 84 56 65, www.lag-o-mar.com
Di–Sa 12–24, So 12–18 Uhr

ARRIETA

El Amanacer €€
Mit etwas Glück findet sich ein Plätzchen an der zum Meer gelegenen kleinen Terrasse. Das beliebte Lokal hält eine große Auswahl an frischem Fisch und Meeresfrüchten bereit, immer gut ist der Cherne (Barsch), der wie auch die anderen Fischgerichte klassisch mit kanarischen Kartoffeln und Mojosauce serviert wird.
169 E4 Calle La Garita 46
928 83 54 84
Fr–Mi 12–20 Uhr

La Era €€€
Das renommierteste Restaurant der Insel wurde im 17. Jh. als Bauernhaus erbaut, von César Manrique restauriert und 1970 eröffnet. Es liegt an einem Patio und hat mehrere kleine rustikale Speiseräume. Billig ist es nicht, aber ein Muss, wenn man die authentische kanarische Küche kennen lernen möchte. Unbedingt reservieren.
169 E4 Calle El Barranco
928 83 00 16 Di–So 13–23 Uhr

LA GERIA

Bodega El Chupadero €€
Das kleine Juwel inmitten des Weinbaugebiets ist ein Geheimtipp. Die Tapasbar mit bunten weichen Kissen, moderner Kunst an den Wänden, stimmungsvoller Musik und nettem Personal bietet nicht nur ausgefallenes Essen, sondern auch eine schöne Atmosphäre. Probieren sollte man frische Tomatensuppe, den hausgebeizten Lachs und Crêpes. Alles wird kunstvoll serviert.
168 C2 La Geria
928 17 31 15, www.el-chupadero.com
Di–So 12–21 Uhr

MUZAGA

Casa Museo del Campesino Restaurante €€–€€€
Bei jedem Ausflug kommt man an diesem von César Manrique entworfenen Gebäude vorbei. Hier gibt es eine rustikale Bodega (ebenfalls von Manrique) mit hervorragenden picoteo (kleinen Happen). Wer größeren Hunger hat, hat die Wahl zwischen mehreren kanarischen Gerichten, die hier oder im tiefer gelegenen eleganten Restaurant serviert werden.
169 D2 San Bartolomé
928 52 01 36 tägl. 12–16.00 Uhr

HARÍA

El Cortijo €€€
Das 200 Jahre alte Bauernhaus wurde herrlich restauriert. Man kann in den Gaststuben oder auf der sonnigen Terrasse Platz nehmen. Zu den Spezialitäten zählen Spanferkel, Lamm, Kaninchen in Rosmarin und Fleisch vom Grill.
169 E4 El Palmeral
928 83 56 86 tägl. 12–21 Uhr

Wohin zum … Einkaufen?

PUERTO DEL CARMEN

Die **Biosfera Plaza**, 10 Minuten zu Fuß den Berg hinauf, ist das beste Einkaufszentrum der Stadt und hat täglich außer Sonntag bis 22 Uhr geöffnet. Hier finden Sie auf vier Ebenen viele internationale Modegeschäfte, Souvenirläden und Restaurants. Ausgefallenen Lavaschmuck gibt es in der Artesanía Volcánica (Planta 2), Bioprodukte im Herbolario Eco-Spirit (Planta 1) und Souvenirs aus der ganzen Welt im Natura (Planta 1). Das Einkaufszentrum hat täglich außer Sonntag bis 22 Uhr geöffnet.

Artesanía Canaria bietet von Hand gefertigte Waren aus Lanzarote an, **Arteberita** ungewöhnliche, von der Insel inspirierte Kunstobjekte. Neben der Plaza gibt es im **Olalá** ungewöhnliche Mitbringsel und Schmuck.

Ein Blickfang ist **La Tienda de las Cometas** (Masdache, Carretera El Centro 1) mit Drachen in allen Farben und Größen – sehr nützlich für windige Tage auf Fuerteventura!

ARRECIFE

Die Fußgängerzone in der Innenstadt bietet vielerlei Läden, vor allem in der Hauptstraße Calle de León y Castillo. Über das Viertel haben sich Boutiquen mit schicker Kleidung und Accessoires niedergelassen, z.B. Jack Jones, Tomás und Panasco. Am Ende der Fußgängerzone befindet sich im Einkaufszentrum **Atlantída** den großen Supermarkt Hiperdino.

Am schönsten ist Arrecife am Mittwoch, wenn an der Promenade ein Kunsthandwerksmarkt abgehalten wird.

TEGUISE

Die ehemalige Hauptstadt von Lanzarote ist für ihren Sonntagsmarkt (➤ 118) berühmt. Es gibt keine Läden mit internationalen Marken, sondern nur Einzelhandelsgeschäfte. Die elegantesten residieren in alten Kolonialgebäuden. Andenken an Lanzarote kauft man in der **Tienda Artesanía Lanzaroteña**, am Hauptplatz neben der Kirche (Plaza de Constitución). In unmittelbarer Nachbarschaft gibt es weitere interessante Geschäfte.

An der angrenzenden Plaza Clavijo y Fajardo sollte man in der **Galería La Villa** vorbeischauen, wenn einem der Sinn nach exotischer Kleidung steht. Dort gibt es auch den **Buchladen Leo**. An der Plaza 18 de Julio, hat sich im alten Krankenhaus ein Geschäft etabliert, das hier gefertigte Teppiche und Läufer feilbietet.

Ein Besuch im **Emporium** (Calle Notas 15, www.emporium.es) lohnt allein schon wegen des außergewöhnlichen Ambientes. In dem ehemaligen Kino gibt es eine Fülle orientalischer Möbel. Wohnaccessoires, Schmuck, Porzellan und dekorativen Stoffe, das meiste sind Importe aus China und Tibet.

Im Ferienort Costa Teguise ist das von dem Künstler César Manrique konzipierte **Pueblo Marinero** eine gute Adresse. Dort können Sie beispielsweise im La Tierra schöne Keramik und ebenfalls von Manrique entworfene Vulkanteufelchen (Maskottchen des Nationalpark Timanfaya) erwerben. Am Montag und Sonntag sind viele Läden geschlossen.

HARÍA

Haría, eines der schönsten Dörfer (➤ 121), kann mit einigen Kunsthandwerksläden aufwarten. Der **Kunsthandwerksmarkt** findet am Samstag auf dem begrünten Hauptplatz statt.

Gran Canaria

Erster Überblick 128
Erste Orientierung 130
Nicht verpassen! 132
Nach Lust und Laune! 134
Wohin zum … 135

Kleine Erlebnisse

Kunsttempel
Nur ein paar Schritte von der Casa de Colón (➤ 132) entfernt zeigt das **CAAM** moderne Kunst.

Schönster Stadtstrand der Kanaren
Nach einem Besuch des Museo Canario (➤ 133) können Sie entlang der **Playa de las Canteras** über die Promenade flanieren.

Auf dem Flohmarkt
Immer sonntags bieten die Händler beim **Rasto** (➤ 136) im Parque de Santa Catalina ihre bunten Waren an.

Erster Überblick

Flüge von Fuerteventura nach Gran Canaria

Von Insel zu Insel fliegt Binter Canarias. Die Check-in-Zeit liegt bei 30 Minuten, der Flug selbst dauert 40 Minuten, dazu kommt noch die Fahrt nach Las Palmas von rund 30 Minuten. Mit der Acht-Uhr-Maschine sind Sie also schon vor 10 Uhr in Las Palmas.

Die einfache Strecke kostet je nach Wochentag und Buchungsdatum zwischen 52 und 90 Euro, Flüge lassen sich in jedem Reisebüro buchen (Tel. 0034 902 39 13 92 oder www.binter canarias.com).

Flugzeiten

Die erste Maschine geht um 8 Uhr, weitere fliegen den ganzen Tag über in regelmäßigen Abständen. Der letzte Rückflug startet täglich um 21.30 Uhr am Flughafen Gando. Da sich die Flugpläne ändern können, sollte man die Zeiten im Internet überprüfen. Wer den ersten hin und den letzten Flieger zurück nimmt, hat rund zehn Stunden für die Besichtigung von Las Palmas zur Verfügung.

Ankunft am Flughafen Gando

Der Aeropuerto de Gando liegt 22 km südlich von Las Palmas. Den schnellsten und teuersten Transfer in die Innenstadt bieten die **Taxis**, die vor dem Terminal warten (Fahrzeit etwa 20 Min.).

Billiger sind die zuverlässig fahrenden **Busse**. Linie 60 fährt von 6.30 bis 22 Uhr alle 30 Minuten. Die Fahrt dauert 30 Minuten und führt zum zentralen Busbahnhof neben dem Parque de San Telmo im Zentrum der Stadt.

Touristeninformation

- Die Hauptinformation befindet sich in der Calle León y Castillo 17 in der Nähe vom Busbahnhof (Mo–Fr 8–15 Uhr, Tel. 928 21 96 00, www.grancanaria.com).
- Auch im Flughafen am Gate A in der Ankunftshalle befindet sich eine Information. Sie können sich hier nach Übernachtungsmöglichkeiten erkundigen.
- Weitere Informationsstände finden Sie an der Plaza de Hurtado Mendoza (Mo–Fr 10–19.30, Sa 10–15 Uhr), in der Avenida José Mesay López (Mo–Fr 10 bis 15.30 Uhr), am Paseo de las Canteras (Mo – Fr 10–19.30, Sa 10–15 Uhr), am Parque de San Telmo (Mo – Fr 10–19.30, Sa 10 bis 15 Uhr).
- Auf der spanischsprachigen Internetseite www.lpavisit.com findet man alles Wissenswerte über die Stadt und die berühmten Karnevalsfeste.

Unterwegs in Las Palmas

Stadtbusse

Wer nur einen Tag auf der Insel ist, nimmt die nützliche Buslinie 1, die zwischen der Altstadt (Parque de San Telmo) und dem Hafen (Parque de Santa Catalina) verkehrt.

Der **Guagua turística** (Touristenbus) macht eine zweistündige Rundfahrt durch die Stadt, seine Fahrt beginnt und endet am Parque de Santa Catalina (www.guaguas.com/turistica.htm). Die Fahrkarten kosten 14 Euro und sind ganztägig gültig, d.h., man kann beliebig ein- und aussteigen. Wer will, kann auch vor dem zentralen Busbahnhof am Parque de San Telmo einsteigen.

Taxis

Bei Stadtfahrten wird das Taxameter eingeschaltet. Die Fahrpreise sind vergleichbar mit denen auf Fuerteventura (► 37).

Günstigster Besuchszeitpunkt

Den Montag sollte man meiden, da an diesem Tag verschiedene Sehenswürdigkeiten geschlossen haben. Ähnliches gilt für den Sonntag, wenn der Markt und viele Geschäfte zu sind. Wer jedoch die **Volkstänze** im Pueblo Canario (► 127 und Bild oben) sehen will, muss am Sonntag kommen.

Der **Karneval** (Februar) eignet sich perfekt für einen Besuch in Las Palmas, da die hiesige Bevölkerung um einiges ausgelassener als die Nachbarn auf Fuerteventura feiern. Planen Sie Ihren Ausflug mit Übernachtung für einen der Tage, an denen ein Umzug stattfindet, denn die eigentliche Fiesta fängt erst an, wenn es Zeit für den Rückflug ist. Flüge, Schiffe und Unterkunft müssen im Karneval weit im Voraus gebucht werden.

Öffnungszeiten

Viele Geschäfte schließen über Mittag von 13.30 bis 16.30 Uhr, nur Einkaufszentren sind ganztägig geöffnet.

Erste Orientierung

Las Palmas gibt sich kosmopolitisch, die Einheimischen gehen ihren Geschäften nach, während sich die Besucher in den zahlreichen Läden und Restaurants und bei kulturellen Veranstaltungen vergnügen. Hier erlebt man den Kontrast zur wilden, einsamen Landschaft von Fuerteventura am stärksten. Egal, ob man nun mit dem Flugzeug oder Schiff ankommt, der Guagua turística (Touristenbus) bringt den Interessierten zu allen wichtigen Sehenswürdigkeiten dieser spannenden Stadt.

Las Palmas erstreckt sich wie ein schmaler Gürtel an der Nordostspitze der Insel entlang. Die Form der Stadt lässt sie größer erscheinen, als sie eigentlich ist. Vom Parque de Santa Catalina zum Parque de San Telmo sind es gerade einmal 3,5 km!

Das älteste Stadtviertel Vegueta beginnt rund 800 m südlich des Parque de San Telmo: Kopfsteinpflaster, schattige Plätze und Häuser im Kolonialstil sind typisch für das Viertel, das von Juan Rejón, dem Eroberer der Insel, 1478 auf einer *vegueta* (Wiese) gegründet wurde. Zwischen Vegueta und dem Parque de San Telmo liegt Triana, eine hübsche Mischung von Häusern aus dem 16. bis 20. Jh. In den Einkaufsstraßen und Terrassenlokalen ist immer viel los. Zwischen dem Parque de San Telmo und dem Parque de Santa Catalina liegt ein reines Wohnviertel, einzige Sehenswürdigkeit ist hier das Pueblo Canario. Santa Catalina ist das Herz der modernen Stadt und die Playa de las Canteras, einer der schönsten Stadtstrände der Welt, nur ein paar Schritte entfernt. Hinter einem der größten Häfen Spaniens, dem Puerto de la Luz, sorgt ein Gebirgszug für eine malerische Kulisse.

Die Kolonialarchitektur an der Plaza de Santa María und in Triana bezaubert

Las Palmas

Nicht verpassen!

39 Casa de Colón ➤ 132
40 Museo Canario ➤ 133

Nach Lust und Laune!

41 Mercado de Vegueta ➤ 134
42 Catedral de Santa Ana ➤ 134
43 Museo Pueblo Canario ➤ 134

39 Casa de Colón

Es gibt keinen Beweis, dass Christoph Kolumbus – oder spanisch Cristóbal Colón – je in diesem herrlichen alten Haus gewohnt hat. Gesichert ist aber wohl, dass er in Las Palmas einen Zwischenstopp einlegte, bevor er 1492 in See stach und die Neue Welt entdeckte. Dass er in der Stadt Quartier nahm, liegt somit zumindest nahe.

Die Casa de Colón war ursprünglich die Residenz des Inselstatthalters und eines der ersten Gebäude von Las Palmas, das nach der Eroberung durch die Spanier 1478 fertig gestellt wurde. Es ist ein hervorragendes Beispiel traditioneller kanarischer Kolonialarchitektur und zeigt die dafür typischen gemeißelten Steinportale, die dunklen Holzbalkone und reich verzierten Fassaden. Heute ist das Haus ein Museum, das sich den Eroberer und seine Seereisen zum Thema gewählt hat.

Im Erdgeschoss befinden sich die interessantesten Exponate – Seekarten, Navigationsinstrumente und Modellboote, außerdem eine Rekonstruktion von Kolumbus' Schiffskabine an Bord der Santa María, das Logbuch seiner ersten Reise in die Neue Welt und die Siegel des Vertrags von Tordesillas (1494). Dieser päpstliche Vertrag mit den spanischen und portugiesischen Königen regelte die Aufteilung der Welt in eine spanische und eine portugiesische Einflusssphäre.

Sehenswert ist auch eine Weltkarte von 1500, die ein Kartograf fertigte, der Kolumbus auf seinen Fahrten begleitete. Das Einzige, was fehlt, sind private Gegenstände von Christoph Kolumbus.

Gleich nebenan befindet sich das **CAAM** mit einer eindrucksvollen Ausstellung zur modernen Kunst.

Vor dem berühmten Steinportal der Casa de Colón

171 E1

Casa de Colón
Calle Colón 1 928 31 23 73, www.casadecolon.com
Mo–Sa 10–18, So 10–15 Uhr
4 €

CAAM (Centro Atlántico de Arte Moderno)
Calle de los Balcones 9
928 31 18 00, www.caam.net
Di–Sa 10–20, So 10–14 Uhr 5 €

40 Museo Canario

Das Museum beherbergt die umfassendste Sammlung der gesamten Kanaren zur Kultur und zum Leben der Guanchen, der Ureinwohner des Archipels. Für die Besichtigung sollten Sie etwa eine Stunde einkalkulieren.

Rekonstruierte Malereien in der Cueva Pintada

Die ersten drei Räume beschäftigen sich mit den Behausungen sowie dem Ackerbau und der Wirtschaft der Guanchen. Wer wenig Zeit hat, geht gleich zum vierten Saal weiter, der die Religion und das Brauchtum behandelt. Ausgestellt sind die originalen Fruchtbarkeitsfiguren, die man als Reproduktionen schon mehrfach in den Geschäften von Fuerteventura gesehen hat. Am bekanntesten ist das Idol von Tara (► 15), das vermutlich die Erdgöttin symbolisiert.

Präsentiert wird ferner ein Nachbau der bekanntesten bislang entdeckten Guanchen-Behausung: der **Cueva Pintada** (bemalte Höhle) von Gáldar auf Gran Canaria. Sehenswert ist auch eine große Kollektion von *pintaderas*. Diese Holzsiegel sieht man ebenfalls – nachgemacht – in vielen Geschäften.

Am interessantesten sind die Räume 6 bis 9, die sich dem Tod und der Mumifizierungspraktik der Guanchen widmen. Einige der Mumien sind über 1,80 m groß – ein Beleg dafür, dass wohl viele Guanchen hoch gewachsene Menschen waren. Manche Schädel weisen eine Kopfbohrung auf. Diese Trepanationen wurden am lebendigen Menschen vollzogen wurde. Ob sie zu medizinischen oder religiösen Zwecken gemacht wurden, ist nicht bekannt.

Alle Tafeln sind ausschließlich in Spanisch verfasst, doch können Sie einen Kurzführer mit deutschen und englischen Übersetzungen kaufen.

---

171 E1 **Calle Dr. Verneau 2**
928 33 68 00, www.elmuseocanario.com
Mo–Fr 10–20, Sa/So 10–14 Uhr **4 €**

Nach Lust und Laune!

41 Mercado de Vegueta

Ein Erlebnis ist der Besuch des ältesten, buntesten und größten Marktes der Stadt (seit 1854). Viele Einheimische kaufen hier ihre Lebensmittel, rund um den Markt stehen einladende Tapas-Bars und Churrerías, in denen man sich seine *churros* kauft. Das längliche Brandteiggebäck wird in heiße Schokolade getaucht gegessen.

171 E1
Plaza del Mercado/Calle Mendizábal
Mo–Do 6–14, Fr–Sa 6–15 Uhr

42 Catedral de Santa Ana

Die größte Kirche der Kanaren beherrscht die Skyline von Vegueta. Die Arbeiten begannen 1497, doch erst 400 Jahren später war der Bau vollendet. Die lange Bauzeit erklärt den Stilmix aus Gotik, Renaissance, Barock und Neo-Klassizismus. Im Kirchhof stehen schattige Orangenbäume. Der Kreuzgang wurde im 16. Jh. erbaut. Eine Treppe führt ins Kapitelhaus, dessen gefliester Boden einzigartig auf den Kanaren ist. Der Kirchenraum selbst ist lichtdurchflutet und beherbergt die Grabmale der Bischöfe. Um mit dem Lift auf den Turm zu fahren, benötigt man eine separate Eintrittskarte.

171 E1 **Plaza de Santa Ana (Eingang Calle Espíritu Santo)** **928 31 36 00**
während der Messe (tägl. 8–10 Uhr) freier Eintritt; sonst kauft man eine Eintrittskarte im Museo Diocesano nebenan
Mo–Fr 10–16, Fr/Sa 10–13 Uhr **3 €**

43 Museo Pueblo Canario

Das »Dorf« mit den traditionellen Gebäuden verschiedener kanarischer Inseln wirkt auf manchen Besucher wie fauler Touristenzauber, wurde aber mit dem Ziel entworfen, die kanarische Kultur vor dem drohenden Massentourismus zu bewahren. Die Volkstänze sind hervorragend, werden aber nur am Sonntag um 11.30 Uhr aufgeführt. Zur Anlage gehören auch Geschäfte, ein Café, ein Restaurant und das Museo Néstor. Letzgenanntes ist dem spanischen Jugendstilkünstler und »Vater« des Dorfes gewidmet.

170 B5 **Parque Doramas**
928 24 29 85, Museum 928 245 135, www.museonestor.com **Di–Sa 10 – 20, So 10.30 bis 14.30 Uhr; Museum Sa geschl.**
frei; Museo Néstor 2 €

LEBEN IM PARK

Der Parque de San Telmo ist der schönste Stadtpark von Las Palmas. Hier stehen u.a. ein Musikpavillon und ein viel fotografiertes Jugendstil-Café in einem mit Keramikkacheln verzierten Pavillon. Der Parque de Santa Catalina bildet mit seinen Cafés, Kiosken, Geschäften und dem Museo Elder den Mittelpunkt der Stadt. Urlauber mischen sich hier unter die Matrosen, Schuhputzer und afrikanischen Händler, während alte Männer unter Palmen Domino und Schach spielen.

Wohin zum ...
Essen und Trinken?

Preise
Für ein Essen ohne Getränke:
€ unter 15 Euro **€€** 15–25 Euro **€€€** über 25 Euro

Die Mehrzahl der Restaurants ist ganzjährig geöffnet, einige haben im August wegen des Jahresurlaubs geschlossen.

Café Santa Catalina €
In diesem netten Café mit einer schattigen Terrasse unter Palmen treffen sich die Einheimischen, um Schach oder Domino zu spielen. Die Speisekarte besteht mittags hauptsächlich aus Pizza und Pasta. Köstliches Eis, Kaffee und Kuchen gibt es aber immer.
nördl. 170 B5 **Parque Santa Catalina**
tägl. 10–1 Uhr

Casa Carmelo €€–€€€
Dieses traditionelle Restaurant ist für die hohe Qualität gegrillten Fleisches, besonders der Steaks, und seine Saucen bekannt. Besucher kommen auch wegen der großartigen Aussicht über den Strand.
nördl. 170 B5
Paseo de las Canteras 2 **928 46 90 56**
www.restaurantegrillcasacarmelo.com
tägl. 13.30–16.30, 19.30–23.30 Uhr

Casa Montesdeoca €€€
Nicht weit von der Casa Colón befindet sich das eleganteste Restaurant der Stadt in einem Anwesen aus dem 16. Jh. Hier kann man sowohl kurz etwas trinken als auch einen Tisch im Patio unter Palmen für den Abend reservieren. Die Küche mit ihren kanarischen und spanischen Gerichten (vor allem Fisch) ist vom Feinsten.
171 E1 **Calle Montesdeoca 10**
928 33 34 66
Mo–Sa 13–16, 20–23.30 Uhr

Don Quixote €€
Erholen Sie sich hier nach Ihrem Einkaufsbummel bei *carne a la piedra*: Ihr Steak, Hühnchen oder Schweinefleisch wird vor Ihren Augen auf einem heißen Stein zubereitet. Als Beilagen serviert man Ihnen Pommes frites, eine riesige Schüssel Salat und diverse Soßen.
nördl. 170 B5
Calle Diderot 3 **679 15 90 80, www.restaurantedonquixote.com**
Do–Mo 13–16 und 20–24 Uhr

La Marina €€–€€€
Schon die aussichtsreiche Terrasse am Nordende der Playa de las Canteras begeistert, man hat den ganzen drei Kilometer langen Sandstrand und die Skyline des Santa-Catalina-Viertels im Blick. Über Mittag ist das Lokal immer gut besucht, was natürlich an der guten Fischküche liegt, die meisten Fische bezahlt man nach ihrem Gewicht. Außerdem gibt es auch eine gute Paella.
nördl. 170 B5
Paseo de las Canteras 1 **928 46 88 02**
www.restaurantelamarinera.info
tägl. 12–24 Uhr

Hotel Madrid €€
Vor dem historischen Hotel an einem der hübschesten Plätze der Stadt kann man im Freien etwas trinken, verschiedene Tapas probieren oder eines der günstigen Menüs wählen.
171 E1
Plaza de Cairasco 4
928 36 06 64
tägl. 10–1 Uhr

Wohin zum ... Einkaufen

Die meisten Geschäfte haben von Montag bis Samstag von 10 bis 20 Uhr geöffnet, einige schließen über Mittag von etwa 13.30 bis 16.30 Uhr. Die Kaufhäuser sind von 10 bis 22 Uhr geöffnet.

Avenida Mesa y López

Fünf Gehminuten sind es vom Südende des Parque de Santa Catalina zur Haupteinkaufsstraße mit zwei Zweigstellen der großen spanischen Kaufhauskette **Corte Inglés**. Das Hauptgeschäft bietet auf vier Etagen Mode, der Club del Gourmet offeriert kanarische und spanische Lebensmittel und Weine. Das Café im obersten Stockwerk eignet sich gut für eine Pause. Die zweite Niederlassung hat sich auf Bücher, Musik, Elektroartikel, Haushaltswaren und Andenken spezialisiert. Boutiquen und Modegeschäfte mit internationalen und spanischen Markennamen säumen den weiteren Verlauf der Avenida.

Triana

In der Calle Mayor La Triana im Herzen der Altstadt stehen einige architektonisch wunderschöne Geschäfte im spanischen Jugendstil. Große Markennamen finden sich hier nur wenige, doch sorgen die künstlerisch angehauchten, schnörkeligen Läden in den Seitenstraßen für viel Flair: **Ezquerra** (Calle Travieso) verkauft Hüte, Mantillas und kanarische Wüstenstiefel, das unter staatlicher Leitung stehende **Fedac** (Calle Domingo J. Navarro) verschiedenstes Kunsthandwerk und die **Casa Ricardo** (Ecke Calle Mayor, Calle Losero) Süßigkeiten, von denen man als Kind immer geträumt hat. In der Calle Peregrina werden Liebhaber von Antiquitäten fündig. In der Calle Triana 42 befindet sich eine Zweigstelle von **Natura Selection** mit Kunst und Kitsch aus der ganzen Welt.

Am besten kommt man ab 18 Uhr zum abendlichen *paseo* (Spaziergang) hierher, dann drängen sich Einheimische und Touristen durch die Straßen, und Straßenkünstler unterhalten das Publikum.

Parque de Santa Catalina

Die Gegend um den Park verströmt mit ihren unzähligen asiatischen Läden den Flair eines orientalischen Basars: angeboten werden billige Kameras, Uhren, Elektroartikel, Zigarren und Kleidung. Die wichtigsten Straßen sind die Calle de Tomás Miller, die Calle Luis Morote und die Calle Alfredo I. Jones. Feilschen gehört dazu! Die Preise sind kaum anders als auf Fuerteventura, das Angebot aber größer.

Märkte

Lebensmittel aller Art findet man auf dem **Mercado de Vegueta** (➤ 134). Wer am Sonntagmorgen da ist, sollte den quirligen **Rastro** (Flohmarkt) am Parque de Santa Catalina besuchen, auf dem viele afrikanische Händler ihre bunten Waren anbieten. Der **Mercado de las Flores** an der Plaza de Santo Domingo (südlich vom Museo Canario) verkauft Kunsthandwerk und natürlich Blumen.

Einkaufszentren

Das größte Einkaufszentrum der Stadt ist **Las Arenas** am westlichen Ende der Playa Las Canteras und nicht weit entfernt von einer Haltestelle des Guagua-Touristenbusses. Ein weiterer großer Konsumtempel ist **El Muelle** am Hafen.

Pueblo Canario

In angenehm entspanntem Ambiente (➤ 134) kann man hier hochwertige Andenken, kanarisches Kunsthandwerk, Keramik, Bücher und Musik kaufen.

Wanderungen & Touren

1 Isla de Lobos 138

2 Sendero de Bayuyo 142

3 Höhepunkte im Norden und im Zentrum 145

4 Von Küste zu Küste 150

1 ISLA DE LOBOS

Wanderung

LÄNGE: ca. 10 km inkl. Rückweg **DAUER:** 2,5 – 3 Stunden
START/ZIEL: El Muelle (Hafen)
163 F5

Sie werden sich hier wie ein Abenteurer auf einer einsamen Insel fühlen. Lobos ist Fuerteventura im Kleinen mit Minivulkanen, kleinen Lagunen samt wunderschönem Strand, einem kleinen Fischerdorf, einem malerischen Leuchtturm und herrlichen Gipfelausblicken, die denen auf Fuerteventura in nichts nachstehen. Wenn Sie einigermaßen fit sind und das richtige Schuhwerk dabeihaben (zumindest feste Turnschuhe), spricht nichts gegen eine Vulkanbesteigung. Am schönsten ist die Wanderung an einem klaren Tag! Weitere Informationen über die Insel ➤ 48f.

Anreise zum Ausgangspunkt

Von Corralejo fahren täglich drei Schiffe zur Insel hinüber. Wenn Sie auf der Insel sowohl etwas essen als auch am Strand liegen wollen, dann nehmen Sie die Verbindung, die Ihnen am meisten Zeit lässt (näheres ➤ 48f). Falls es morgens sehr windig ist, sollten Sie besser auf den Ausflug zur Insel verzichten.

1–2

Wenn Sie das Schiff bei **El Muelle** verlassen, halten Sie sich rechts und folgen der Beschilderung »El Puertito 7 mins« und »Las Laguni-

Wie immer wenig los im kleinen Fischerdorf El Puertito

tas 18 mins«. **El Puertito** (der kleine Hafen) zählt vermutlich zu den baufälligsten Fischerdörfern, die Sie je gesehen haben. Es besteht lediglich aus ein paar Holzhäusern und Bruchbuden aus Stein. Gehen Sie kurz durch das Dorf und nehmen Sie dann den rechten Abzweig zum Meer. Der Weg ist gut ausgeschildert, zum Verlaufen ist die Insel ohnehin zu klein. Von einem kleinen Berg aus haben Sie einen schönen Blick auf Lanzarote. Rechter Hand liegen die **Lagunitas**, sandige Salzmarschen, an denen Zugvögel Rast machen.

2–3

Am Ende der Salzebene macht der Pfad eine Biegung nach rechts Richtung Meer, aber das ist nur ein kleiner Umweg. Beachten Sie ihn

KLEINE PAUSE
Wer vorhat, im Restaurant auf der Insel zu essen, sollte sofort nach der Ankunft einen Tisch reservieren. Wer den Inselrundgang ohne Zeitdruck unternimmt, kommt gegen 14 Uhr zum Restaurant zurück, wer noch den Strand genießt, entsprechend später. Erkundigen Sie sich deshalb nach den genauen Essenszeiten. Eine Speisenkarte gibt es nicht, in der Regel stehen Paella oder Fisch zur Auswahl.
Nehmen Sie sich einen Sonnenschutz, eine Kopfbedeckung und viel Wasser mit. Im Inselrestaurant bekommt man zwar Wasser, doch wer sein Mittagessen nicht im Voraus gebucht hat, muss sich mit einem Thunfisch-Baguette zufrieden geben. Eis ist für Restaurantgäste reserviert.

nicht, sondern erklimmen Sie einfach geradeaus links einen Hang, wo eine weiße Informationstafel zu Flora und Fauna von Las Lagunitas aufgestellt wurde. Wenn Sie nun über die Insel schauen, sehen Sie im Hintergrund die Dünen von Corralejo. Ein breiter Sandweg führt von hier zum Faro de los Lobos (Leuchtturm); in 25 bis 30 Minuten sind Sie dort.

Kurz bevor Sie den Leuchtturm von Punta Martiño erreichen – er ist der nördlichste Punkt der Insel –, kommen Sie an einigen braunen, 3–8 m hohen Erhebungen vorbei. Es handelt sich um so genannte *hornitos*, kleine »Minivulkane«, die durch eine phreatische Explosion (Wasserdampfexplosion) entstanden sind. Dabei tritt unter hohem Druck stehendes überhitztes Grundwasser explosionsartig an die Oberfläche. Die *hornitos* entstanden vor etwa 8000 Jahren; am schönsten sieht man sie vom Leuchtturm aus. In der Ferne erblicken Sie Lanzarote sowie den Ferienort Playa Blanca. Die berühmten Papagayo-Strände werden von den

Blick auf die Isla de Lobos

Stete Begleiter an allen Ufern des Meeres und große Flugkünstler: die Möwen

Montañas del Fuego (➤ 114f) überragt. Der weiße Häuserblock rechts davon ist die Stadt Puerto del Carmen. Setzen Sie Ihre Wanderung nun auf breitem Weg in südlicher Richtung fort.

3–4

Nach gut 15 Minuten erreichen Sie die rechts des Weges aufragende **Montaña de la Caldera**. Widerstehen Sie jedoch der Versuchung, gleich den ersten Abzweig rechts zu nehmen, der zur Caleta del Palo (s. u.) führt. Nehmen Sie erst den nächsten Weg rechter Hand – auf dem Schild steht »Montaña La Caldera 30 mins«. Die Zeitangabe bezieht sich auf den 127 m hohen Gipfel. Die Stufen enden nach zwei Dritteln der Strecke, danach wird es steiler. Doch die Mühe lohnt sich: Der beeindruckende Rundblick reicht von der Isla de Lobos bis nach Lanzarote und Fuerteventura.

Die Ausflugsschiffe und Katamarane, die in der Bucht (Punten) vor Anker liegen, geben ein schönes Bild ab. Auf der anderen Seite erstreckt sich der halbrunde, steinige Strand von **Caleta de Palo** innerhalb eines Kraters. Von der Gipfelsäule können Sie gefahrlos noch ein Stück auf dem breiten Kraterrand zu einem weiteren Aussichtspunkt spazieren – aber Vorsicht bei plötzlich auftretenden Windböen!

4–1

Steigen Sie nun wieder bergab und kehren Sie zum Hauptfußweg zurück. Biegen Sie rechts ab, dann erreichen Sie schon nach fünf Minuten den schönen weißen Sandstrand **Playa de la Caleta** (Er ist auch unter dem Namen Playa la Concha bekannt). Da hier das Meer ganz ruhig ist und der sandige Meeresboden nur sanft abfällt, ist der Strand ein idealer Aufenthaltsort für Familien mit Kindern. Von hier sind es nur noch wenige Minuten bis zum Hafen.

INSEL DER VÖGEL

Die Isla de Lobos ist selten überlaufen. Wenn Sie an Land gegangen sind, lassen Sie einfach alle anderen losmarschieren – dann haben Sie die Insel ganz für sich – oder zumindestens das Gefühl. Denn tatsächlich wimmelt es um Sie herum von Leben: Rund 140 Pflanzenarten gedeihen hier und die gesamte Insel ist ein Vogelschutzgebiet. Halten Sie nach einer *Pardela Cenicienta* Ausschau, der große Gelbschnabelsturmtaucher fliegt langsam und elegant.

2 SENDERO DE BAYUYO

Wanderung

LÄNGE: 5 km **DAUER:** 2–2,5 Stunden
START/ZIEL: nördlich von Lajares
163 D4

Der Sendero de Bayuyo war der erste von einem mittlerweile weit verzweigten Netz mit ausgeschilderten Wanderwegen auf Fuerteventura. Unterwegs kommen Sie an dramatischen Vulkanformationen vorbei und können sich einen Eindruck davon machen, wie schwer es hier die Hirten mit ihren Ziegenherden haben. Immer wieder begeistert der weite Blick über den Norden der Insel aufs Meer.

Um den Ausgangspunkt der Wanderung zu finden, nehmen Sie die FV109 von Corralejo nach Lajares. Kurz vor Lajares (gegenüber vom Witchcraft Surf Shop) sehen Sie rechts einen rotbraunen Vulkan mit zwei Senken, die an große Augen erinnern – dort wollen Sie hin! Fahren Sie weitere 500 m zum Fußballplatz und biegen Sie davor rechts ab. Nach einem weiteren Kilometer vorbei am Schild zur Zoo Safari Calderón Hondo (geschlossen) parken Sie hinter dem letzten Haus rechts an der Straße. Der Pfad aus schwarzem Vulkangestein ist unübersehbar.

1–2

Folgen Sie also der schwarzen Steinstraße. Die 240 m hohe Montaña Colorada, die Sie von der

Hauptstraße aus gesehen haben, liegt immer linker Hand. Wenn Sie sich umdrehen, fällt Ihr Blick auf die kleinen weißen Häuser von Lajares.

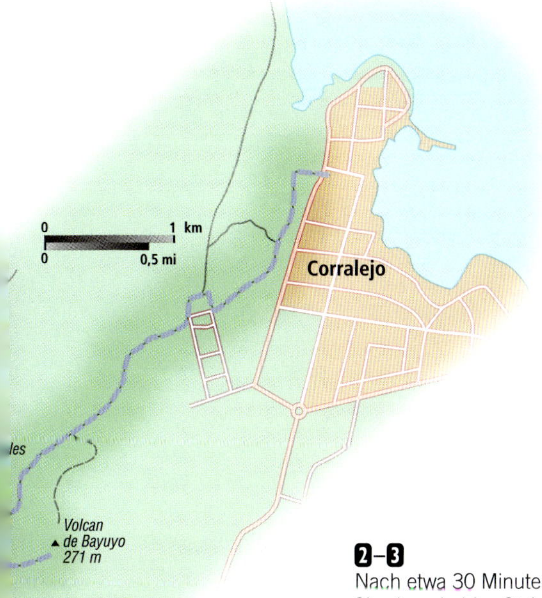

Rechter Hand erstreckt sich das *malpaís* – das »schlechte Land«, das man nicht betreten sollte. Die Landschaft entstand vor 8000 Jahren, die grau-grünen Flechten, die Sie sehen, sind ein wichtiger Anzeiger für Luftverschmutzung: Die Pilzart gedeiht nämlich ausschließlich in sauberer Luft. Nach etwa 20 Minuten fällt die **Montaña Colorada** zu einem Sattel hin ab.

Auffällig sind verschiedene Löcher im Vulkan, sie entstanden beim Abbau von Lavagranulat, das ein begehrter Rohstoff im Straßenbau ist. Sie kommen einen kleinen Hügel hinauf, von dem Sie die schneeweißen Dünen von Corralejo (➤ 50ff) sehen können.

2–3

Nach etwa 30 Minuten passieren Sie eine niedrige Steinmauer. Gen Norden zeichnet sich am Horizont Lanzarote mit Playa Blanca und den Bergen ab. Nach weiteren fünf bis zehn Minuten gabelt sich der Weg. Nehmen Sie den linken und ignorieren Sie die beiden schmaleren Abzweige rechts. Nach weiteren drei bis vier Minuten steilen Aufstiegs erreichen Sie eine Plattform (230 m). Von hier genießen Sie nicht nur ein herrliches Panorama, sondern können auch in den erloschenen runden Krater des Vulkans hineinschauen. Links sehen

KLEINE PAUSE

Denken Sie angesichts der Temperaturen und des fehlenden Schattens an ausreichend Wasser. In Lajares (➤ 60f) gibt es verschiedene gute Lokale zum Mittagessen.

DER GÜNSTIGSTE ZEITPUNKT
Auch wenn die Landschaft weite Teile des Jahres über karg und trocken ist, präsentiert sie sich dennoch im Frühling erstaunlich grün. Legen Sie Ihre Wanderung in die Nachmittagsstunden, dann leuchten die Vulkane herrlich im rotgoldenen Licht der Abendsonne!

Sie einen spektakulären Schlot, der zeigt, wo der Vulkan eingestürzt ist. Unten im Krater wachsen Feigenkakteen, am Kraterrand grasen oft Ziegen. Wenn Sie wollen, dann können Sie einen Teil der Krateröffnung umrunden; ganz herumzugehen ist jedoch nicht ratsam.

Das Panorama reicht vom kleinen Fischerdorf Majanicho im Westen bis zum im Dunst liegenden Puerto del Carmen auf Lanzarote (rechts). In halber Entfernung ragt östlich davon der 271 m hohe **Vulkan Bayuyo** auf.

3–4
Folgen Sie nun dem Weg bergab und nehmen Sie die zweite Gabelung links von der **Hirtenhütte**, die Sie vom Calderón Hondo aus gesehen haben.

Werfen Sie ruhig einen Blick in die primitive Hütte – sie ist hier als Anschauungsobjekt für die Wanderer errichtet worden. Die mit Stroh gedeckte Dachkonstruktion aus Lehm ruht auf Mauern aus Vulkangestein. Das kleine konische Gebilde zeigt einen einfachen Ofen, wie ihn die Hirten früher verwendeten. Auch die Koppel besteht aus Vulkangeröll.

4–1
Sie können nun entweder den gleichen Weg zurückgehen oder Ihre Wanderung noch etwas ausdehnen und die eindrucksvollen Vulkane erkunden. Orientieren Sie sich richtungsmäßig am Bayuyo, dann stehen Sie in einer Stunde an seinem Fuß. Den Gipfel mit herrlicher Aussicht erreichen Sie in rund 30 Minuten, von dort sollten Sie eine weitere Stunde bis **Corralejo** einplanen.

Ein Blick auf die Montaña Colorada mit ihren tiefen Senken. In den Nachmittagsstunden zeigen sich die rötlichen Vulkanberge besonders farbenprächtig

3 HÖHEPUNKTE IM NORDEN UND IM ZENTRUM

Autofahrt

LÄNGE: 151 km (mit Abkürzungsmöglichkeit)
DAUER: ein ganzer Tag
START/ZIEL: Corralejo (Kreisverkehr am Fußballplatz) 163 E5

Auf diesem Ausflug lernen Sie die schönsten Stellen im Norden und im Zentrum von Fuerteventura kennen. Im Norden sind die Straßen gerade und flott befahrbar. In der Inselmitte schlängeln sie sich dahin, entsprechend langsam geht es vorwärts.

1–2

Die Fahrt durch eine herrliche, zum Teil gebirgige Landschaft beginnt in **Corralejo**, nach 1 km (die Entfernungsangaben beziehen sich auf den Kreisverkehr am Fußballplatz) biegen Sie am nächsten Kreisverkehr auf die FV101 Richtung La Oliva ab. Rechts liegt der 271 m hohe aussichtsreiche **Volcán de Bayuyo**.

Nach 13 km durchqueren Sie Villaverde, eines der besterhaltenen Dörfer der Insel, (➤ 56) mit seinen beiden Windmühlen. Am Ortsende liegt das im inseltypischen Baustil errichtete **Hotel Rural Mahoh** (➤ 62) mit einer tadellos gepflegten Gartenanlage.

Kurz bevor Sie das Zentrum von **La Oliva** (➤ 53f) erreichen, sollten Sie einen Blick auf die verfallene Casa del Inglés werfen. Über eine Einbahnstraße gelangen Sie in die Ortsmitte.

Wenn Sie am **Centro de Arte Canario** (➤ 53) vorbeifahren, liegt vor Ihnen der perfekt geformte Vulkankegel der Montaña del Frontón.

DER GÜNSTIGSTE ZEITPUNKT

Wer einige der Museen und Sehenswürdigkeiten entlang der Strecke besuchen will, sollte den **Montag und den Samstag meiden**, da dann vieles geschlossen hat. Vor allem das Ecomuseo de La Alcogida bei Tefía sowie die Casa de Santa María in Betancuria sollten Sie sich anschauen.

Einsame Lage: Ermita La Virgen de la Peña unweit von Vega de Río Palmas

2–3

Fahren Sie auf der FV10 durch das Ortszentrum von La Oliva in Richtung Puerto del Rosario, dann sehen Sie nach 5 km rechter Hand den heiligen **Berg Tindaya** (➤ 57) aufragen. Nach weiteren 2 bis 3 km erhebt sich ebenfalls auf Ihrer rechten Seite die 366 m hohe Montaña Quemada. Die davor stehende kleine Statue ist das 2,3 m hohe Denkmal von Miguel de Unamuno (➤ 76).

Kurz danach biegen Sie rechts auf die FV207 ab. Die Straße führt in ein weitgehend unbewohntes Tal mit wenigen Höfen entlang der Felder.

Nach etwa 7 km erreichen Sie das Dörfchen Tefía. Kurz vor dem Ortsausgang sehen Sie rechts eine viel fotografierte Mühle (➤ 73) und einige hundert Meter weiter links das **Ecomuseo de La Alcogida** (➤ 74) mit zwei Eseln und einem Kamel auf dem Feld an der Straße.

Variante für eine Halbtagestour

Wenn Sie nur den halben Tag unterwegs sein wollen und das Ecomuseo de La Alcogida auslassen möchten, fahren Sie von Tefía zurück nach Norden und biegen dann auf die FV10 ab, sie führt durch Tetir. 15 km hinter dem Ort biegen Sie nach links auf die Umgehungsstraße FV3 in Richtung Corralejo ab. Am Meer entlang sind es 35 km zurück nach Corralejo.

3–4

Fahren Sie 6 km weiter und biegen Sie dann rechts auf die FV30 Richtung Betancuria ab. Die Straße führt jetzt stetig bergauf. Der Weiler **Valle de Santa Inés** mit seinem Kunsthandwerk und der Casa del Queso ist ein Vorgeschmack auf Betancuria. Wer vorhat, in der alten Hauptstadt Halt zu machen, findet dort ebenfalls Kunsthandwerksläden und eine *Casa del Queso* (Käseladen), Sie müssen also nicht unbedingt hier eine Pause machen. Nach weiteren 2 km biegen Sie rechts nach Betancuria ab; es geht nun steil bergauf. Hoch über sich sehen Sie ein Gebäude mit Panoramafenstern. Es ist der **Mirador de Morro Veloso**. Halten Sie an, um den herrlichen Blick nach Norden zu genießen. Falls er geschlossen ist, bietet sich die gleiche Sicht nebenan vom Straßenrand.

4–5

Die alte Hauptstadt **Betancuria** (► 70ff) wartet mit so vielen Sehenswürdigkeiten auf, dass Sie locker einen halben Tag dort verbringen können. Vor dem Ortszentrum erblicken Sie links unten die dachlose Ruine des Klosters San Buenaventura. Hinter Betancuria prägen Palmen und Metall-Windpumpen das Bild; einige stammen aus den 1930er-Jahren. Nach 5 km erreichen Sie die hübsche Kirche von **Vega de Río Palmas**.

Noch einem weiteren Kilometer können Sie von einer Straßenausbuchtung aus auf den Stausee **Embalse de las Peñitas** hinunterschauen. Bei Trockenheit sieht er wie ein großes braunes Feld aus. Zu den bekanntesten Fotomotiven der Insel gehört die alte weiße Kapelle **La Virgen de la Peña**, die der Schutzheiligen der Insel geweiht ist. Die Straße schlängelt sich jetzt wieder bergauf, vorbei an Bergen, die wie geschmolzene Schokolade aussehen, und erreicht einen der Höhepunkte des Ausflugs: den **Pass Degollada de los Granadillos**. Genießen sie die herrliche Aussicht nach Osten und Westen!

KLEINE PAUSE

Wer spät losgefahren ist und mittags Lust auf Fisch hat, kann hinter Tefía rechts auf die FV221 abbiegen und die 11 km zum kleinen Hafen Los Molinos (► 75) fahren. Dort gibt es zwei gute Restaurants am Meer.

In Betancuria (► 79) haben Sie die Wahl zwischen vielen Lokalen. Zu empfehlen ist Val Tarajal an der Durchgangsstraße.

KÜRZERER HEIMWEG

Nördlich von La Ampuyenta besteht die Möglichkeit, über Tefía nach Corralejo zurückzufahren. Wer sich dafür entscheidet, biegt linkt auf die FV30 in Richtung Valle de Santa Inés ab und folgt dann rechts der FV207 nach Tefía.

Ein stilisiertes weiß getünchtes Portal markiert die Gemeindegrenze und steht in auffallendem Kontrast zu der dunkelbraunen Berglandschaft. Die Fahrt geht nun weiter auf der FV30 nach Pájara.

5–6

Nach den kargen Bergen des Betancuria-Massivs wirkt **Pájara** (➤ 77) wie eine bunte Oase. Parken Sie bei der Kirche und schauen Sie sich das Portal an. Achten Sie bei der Weiterfahrt darauf, dass die Kirche links von Ihnen liegt. 9 km weiter biegen Sie bei **Tuineje** nach links auf die FV20 in Richtung Antigua und Puerto del Rosario ab.

Rund um den Ort gibt es einige Felder, auf denen Aloe vera angebaut wird. Wenn die Gemeindekirche offen ist, lohnt sich der Blick auf den Altaraufsatz. Er zeigt die Schlacht von Tamasite (1740), bei der die Einheimischen einen Übergriff britischer Freibeuter abwehrten.

UMWEG

Etwa 1 km nach der Kirche von Vega de Río Palmas weist – fälschlicherweise – ein weiteres Schild den Weg nach Vega de Río Palmas. Die hübsche Seitenstraße schlängelt sich meist parallel zur Hauptstraße durch Palmenhaine. Sie endet jedoch nach etwa 3 km in einer Sackgasse mit Blick auf den Embalse de las Peñitas (➤ oben).

Tiscamanita liegt 4 km weiter nördlich, das **Centro de Interpretación de los Molinos** (➤ 78) befindet sich nördlich der Ortsmitte. Von hier führt eine gerade Straße nach Antigua, linker Hand verläuft ein Gebirgszug, er bildet das Rückgrat der Insel. Die Gran Montaña zählt mit 708 m zu den höchsten Gipfeln der Insel.

6–7

Halten Sie zuerst im Zentrum von **Antigua** (➤ 73) an, um die Kirche zu besichtigen und fahren Sie anschließend weiter nach Norden zur **Molino de Antigua** (➤ 73), eine rund 200 Jahre alten Windmühle (1–2 km). Der Garten und die Cafeteria (➤ 79) bieten sich für eine Pause an.

Nach weiteren 2–3 km erreichen Sie das kleine Städtchen **La Ampuyenta** mit der Casa-Museo Dr. Mena. Das Haus ist ein schönes Beispiel für ein komfortables Herrschaftshaus aus dem 19. Jh. (derzeit geschlossen). Die Dorfkirche Ermita de San Pedro de Alcántara lohnt ebenfalls einen Besuch.

7–1

Weiter geht die Fahrt auf der FV20 in Richtung Puerto del Rosario nach **Casillas del Ángel**. Dort befindet sich in der Iglesia de Santa Ana eine Holzfigur der hl. Anna aus dem 18. Jahrhundert.

Nach weiteren 5 km biegen Sie links bei Llano Pelado auf die FV225 ab, eine weitere Linksabbiegung folgt nach 2–3 km und führt nach **Tetir**. Kehren Sie in einem der Cafés des netten Dorfes ein, bevor Sie schließlich auf der FV10 durch La Oliva zurück nach Corralejo fahren.

Die Gegend rund um Tuineje ist vergleichsweise fruchtbar und wird landwirtschaftlich intensiv genutzt

4 VON KÜSTE ZU KÜSTE

Wanderung

LÄNGE: ca. 10 km **DAUER:** etwa 3 Stunden
START/ZIEL: Centro Comercial El Palmeral, Costa Calma
167 E3

Die einfache Wanderung führt an der schmalsten Stelle Fuerteventuras quer über die Landenge La Pared. Nur 3 km sind es von den gepflegten Hotels und Einkaufszentren der Costa Calma zur windgepeitschten Barlovento-Küste. Wer also keinen Jeep mieten möchte, hat so die einmalige Möglichkeit, trotzdem die wilden Strände des Westens kennen zu lernen.

1–2

Der Ausgangspunkt der Wanderung befindet sich rund 500 m hinter dem **Einkaufszentrum El Palmeral**. Sie erreichen ihn zu Fuß über die Straße, die rechts vom Einkaufszentrum unmittelbar am Bekleidungsgeschäft Hodge Podge vorbeiführt (Calle Playa de la Jaqueta).

SCHWIMMEN
Nehmen Sie Ihre Schwimmsachen mit – oder gehen Sie einfach so ins Wasser. Es gibt hier einige geschützte Lagunen, in die Sie fast ganz eintauchen können. Aber Achtung: Wegen der starken Strömungen an der Westküste ist es lebensgefährlich, im offenen Meer zu schwimmen!

Costa Calma zählt zu den Touristenhochburgen. Ruhige Strände werden Sie auf der Wanderung aber finden.

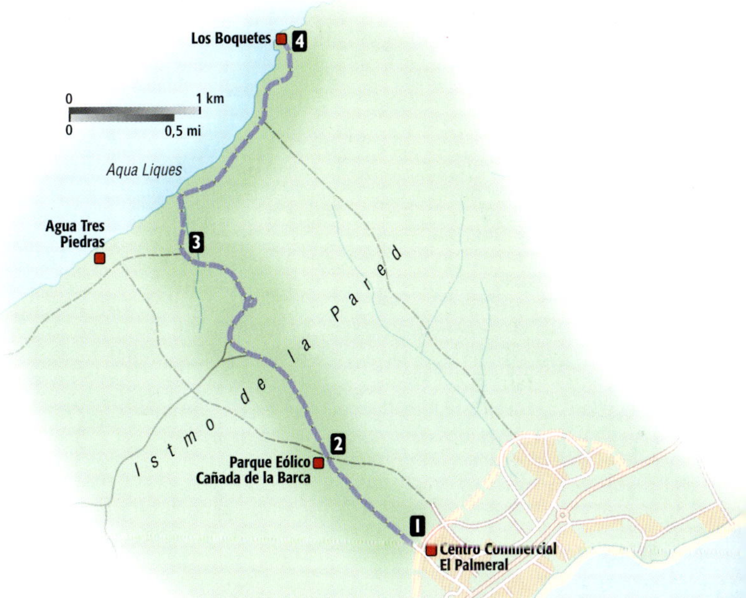

Wegen der Einbahnstraße müssen Sie mit dem Auto links vom Einkaufszentrum an der Tankstelle vorbeifahren, dann rechts abbiegen und anschließend die zweite Straße links in die Calle Playa de la Jacquete abbiegen. Parken Sie am Ende der Straße am Mast, dort beginnt auch der Weg. Unmittelbar links befindet sich der **Parque Eólico Cañada de la Barca**, ein Windpark, dessen etwa 45 moderne Rotoren einen wesentlichen Beitrag zur Versorgung der Insel mit nachhaltigen Energien beitragen.

2–3

An dieser Stelle verlaufen mehrere Wege parallel zueinander quer über die Insel. Lassen Sie sich nicht irritieren, sie alle führen nach Westen. Da die Wanderung sehr beliebt ist, werden Sie selten alleine unterwegs sein. In der Ferne liegen im Nordwesten einige Hügel und niedrigere Berge. Selbst bei Sonnenschein wirkt die Szenerie recht düster.

Der Boden, auf dem Sie gehen, ist eine Mischung aus einem altem Dünenfeld (*jable*) aus verhärtetem Sand und einem neuen Dünenfeld, das durch die beständig von der Westküste über den Isthmus we-

KLEINE PAUSE

An einem windigen Tag sollten Sie auf diese Wanderung verzichten, da dann der Sand unangenehm durch die Kleidung dringt und in die Augen fliegt. Nehmen Sie viel Wasser mit. Die Fuerte Action Bar im Einkaufszentrum El Palmeral eignet sich gut für ein Mittagessen oder für einen Imbiss am Ende Ihrer Wanderung.

Die Kragentrappe gehört zu den seltensten Vögeln der Insel

henden Passatwinde aufgetürmt wurde. Der Sand wird von kleinen, struppigen Pflanzen zusammengehalten, von denen sich die herumziehenden Ziegen ernähren.

3–4

Sie erreichen die Westküste nach einer Wanderung von rund 40 Minuten bei den Klippen von **Agua Tres Piedras**. Achten Sie beim Abstieg zum Meer auf die seltsamen Erosionsformen in den wechselnden Schichten von Basalt und versteinertem Sand. Für das menschliche Auge kaum sichtbar, finden sich unten am Steilhang natürliche Quellen – ein willkommenes Wasserloch für Vögel und Vieh.

Wandern Sie nun auf dem schmalen Sims dicht über dem Wasser weiter; hier sind die Erosionsformen noch beeindruckender. Eine riesige Sanddüne läuft zum Meer hin aus. Ein kleines Stück weiter nördlich hat die hier einst fließende schwarze Lava ein Areal aus Lagunen und Felsentümpel entstehen lassen. Wie gewaltig das Meer ist, sehen Sie an den großen Wellen, die sich an den Felsen brechen und hoch in die Luft spritzen. Schwimmen kann man hier nicht – wer in den Felsentümpeln plantschen will, sollte wissen, dass darin viele große Krebse leben.

In fünf bis zehn Minuten erreichen Sie entlang der Küste wandernd **Los Boquetes**, eine herrliche kleine Bucht mit leuchtend roten Gesteinsschichten. Vom Ende der Bucht haben Sie einen schönen Blick über die Küste. Eine Steinmauer blockiert nun den Weg – es ist Zeit zum Umkehren.

4–1

Sie können nun entweder den gleichen Weg zurückgehen – womit Sie auf der sicheren Seite sind –, oder Sie kämpfen sich über die Dünen und kehren auf einem der Parallelwege nach Costa Calma zurück.

ERDHÖRNCHEN UND KRAGENTRAPPEN

Ornithologen sollten ein Auge auf die gefährdeten *Chlamydotis undulata* haben, eine Trappenart, die es nur auf den Kanaren und in Nordafrika gibt (Bild oben). Da der Vogel seines natürlichen Lebensraums beraubt wurde, hat sich die Population auf weniger als 400 Paare reduziert. Aber ein Lebewesen bekommen Sie mit Sicherheit zu Gesicht – das Erdhörnchen, das in den Felsen am Meer herumtollt.

Praktisches

Reisevorbereitungen 154
Das Wichtigste vor Ort 156
Sprachführer 159

Praktisches

REISEVORBEREITUNGEN

WICHTIGE PAPIERE

● Erforderlich
○ Empfohlen
▲ Nicht erforderlich

	Deutschland	Österreich	Schweiz
Pass/Personalausweis	●	●	●
Visum	▲	▲	▲
Weiter- und Rückflugticket	○	●	●
Impfungen (Tetanus und Polio)	▲	▲	▲
Krankenversicherungsnachweis (EHIC-Karte ➤ 200, Gesundheit)	●	●	●
Reiseversicherung	○	○	○
Führerschein (national)	●	●	●
Kfz-Haftpflichtversicherung	●	●	●
Fahrzeugschein	●	●	●

REISEZEIT

Die angegebenen Temperaturen entsprechen den durchschnittlichen **Tagestemperaturen** des jeweiligen Monat. Die Temperatur fällt selten unter 15°C. Es herrscht ganzjährig ein frühlingshaftes Klima mit Temperaturen um 19°C im Winter und 26°C im Sommer. Das Meer hat im Januar 19°C, im Sommer bis zu 24°C. Der meiste Regen fällt im Norden, die Halbinsel Jandía im Süden scheint dagegen fast das ganze Jahr die Sonne. Wetterbestimmend ist der Nordostpassat, der immer für eine frische Brise sorgt und dazu beigetragen hat, dass die Insel zu einem Topziel der Wind- und Kitesurfer wurde. **Hochsaison** ist von November bis April, außerdem im Juli und August, wenn viele Familien aus Spanien hier Urlaub machen. Die ruhigsten Monate sind entsprechend Mai und Juni sowie September und Oktober.

INFORMATION VORAB

Websites

- www.fuerteventura-infos.de (deutsch)
- www.fuerteinfo.net
- www.visitfuerteventura.es (Fremdenverkehrsamt)

Deutschland

Spanisches Fremdenverkehrsamt
Kurfürstendamm 180
D-10707 Berlin
☎ 030 882 65 43

ANREISE

Mit dem Flugzeug:
Charterfluggesellschaften fliegen die Insel von vielen Flughäfen in Deutschland, Österreich und der Schweiz an. In der Regel handelt es sich um Pauschalreisen einschließlich einer Hotelbuchung, doch lassen sich auch reine Flüge buchen. Die Flugzeit liegt bei vier bis fünf Stunden. Von Frankfurt Hahn und Bremen wird Fuerteventura auch vom Billigflieger Ryan Air angeflogen.
Die spanische Fluglinie Iberia fliegt regelmäßig mit einer Zwischenlandung in Spanien nach Fuerteventura, entsprechend zeitaufwändig und teuer ist ein solcher Flug.
Auch kann die Nachbarinsel Lanzarote angeflogen werden, von dort setzen vom Fährhafen Playa Blanca täglich mehrere Fähren in nur 20 Minuten nach Corralejo auf Fuerteventura über (► 36).

Von Insel zu Insel
Mit dem Flugzeug: Binter Canarias (www.bintercanarias.com) bietet täglich Flüge von Fuerteventura zu den anderen Kanarischen Inseln an.
Mit dem Schiff: Regelmäßige Schiffsverbindungen bestehen von Puerto del Rosario und Morro Jable nach Las Palmas de Gran Canaria (www.navieraarmas.com). Außerdem gibt es eine Schnellfähre (www.fredolsen.es) von Playa Blanca (Lanzarote) nach Corralejo (Fuerteventura).

ZEIT

Auf den Kanarischen Inseln gilt die Westeuropäische Zeit (WEZ), d.h. die Uhren müssen um eine Stunde zurückgestellt werden. Die Sommerzeit beginnt am letzten Sonntag im März und endet am letzten Sonntag im Oktober.

WÄHRUNG UND GELDWECHSEL

Währung: Wie in Spanien gilt auf Fuerteventura der **Euro**. Die offizielle Abkürzung für den Euro ist EUR.
Geldwechsel: Banken bieten bei Bargeld und Reiseschecks die besten Wechselkurse, die Gebühren differieren allerdings erheblich.
Bank- und Kreditkarten werden von allen Banken, vielen Hotels, Restaurants und Geschäften akzeptiert.
Sperrnummer bei Kartenverlust: Deutschland: unter Tel. 11 61 16 (aus dem Ausland mit der Vorwahl 0049) kann man unterschiedliche elektronische Berechtigungen wie Kreditkarten, Online-Banking-Zugänge, Handykarten und die elektronische Identitätsfunktion des neuen Personalausweises bei Verlust sperren lassen.
Österreich: Tel. 0043 1 717 01 4500
Die Schweiz hat keine einheitliche Notfallnummer. Die wichtigsten sind:
Tel. 0041 044 659 69 00 (Swisscard); 0041 044 82835 01 (UBS Card Center)
0041 044 200 83 83 (VISECA); 0041 044 828 32 81 (Postfinance)

Österreich
Spanisches Fremdenverkehrsamt
Walfischgasse 8/14
A-1010 Wien ☎ 01 5 12 95 80

Schweiz
Spanisches Fremdenverkehrsamt, Seefeldstraße 19
CH-8008 Zürich
☎ 041 4 42 53 60 50

Fuerteventura
Patronato Insular de Turismo
Almirante Lallermand 1
Puerto del Rosario
☎ 928 53 08 44

DAS WICHTIGSTE VOR ORT

KONFEKTIONSGRÖSSEN

Spanien	Deutschland	
46	46	Anzüge
48	48	Anzüge
50	50	Anzüge
52	52	Anzüge
54	54	Anzüge
56	56	Anzüge
8	41	Schuhe
8,5	42	Schuhe
9,5	43	Schuhe
10,5	44	Schuhe
11,5	45	Schuhe
12	46	Schuhe
37	37	Hemden
38	38	Hemden
39/40	39/40	Hemden
41	41	Hemden
42	42	Hemden
43	43	Hemden
34	34	Kleider
36	36	Kleider
38	38	Kleider
40	40	Kleider
42	42	Kleider
44	44	Kleider
6	38	Schuhe
6,5	38	Schuhe
7	39	Schuhe
7,5	39	Schuhe
8	40	Schuhe
8,5	41	Schuhe

FEIERTAGE

1. Januar	Neujahr
6. Januar	Heilige Drei Könige
Februar/März	Faschingsdienstag
März/April	Karfreitag, Ostermontag
1. Mai	Tag der Arbeit
30. Mai	Tag der Kanarischen Inseln
15. August	Mariä Himmelfahrt
12. Oktober	Spanischer Nationalfeiertag
1. November	Allerheiligen
6. Dezember	Verfassungstag
8. Dezember	Mariä Empfängnis
25. Dezember	Weihnachten

ÖFFNUNGSZEITEN

Geschäfte (weiß), Behörden (schwarz), Banken (rot), Postämter (pink), Museen (blau), Apotheken (grün)

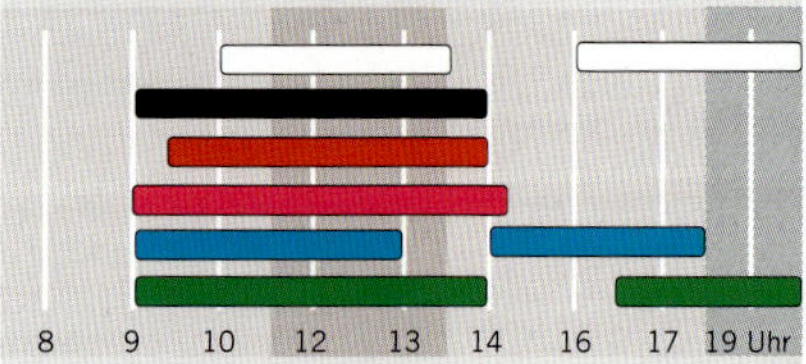

tagsüber – mittags – abends

Geschäfte: In den Ferienorten sind die Geschäfte meist ganztägig geöffnet. Am Sonntag haben fast alle Läden zu. Auf dem Land wird vielfach die Siesta eingehalten, die Läden schließen dann um 13 Uhr und öffnen ein zweites Mal von 17 bis 20 Uhr.
Banken: Sie sind meist Mo–Fr von 9.30 bis 14 Uhr geöffnet, teils auch samstags.
Postämter: Die gängigen Zeiten sind Mo–Fr 9–14 und Sa bis 13 Uhr.
Museen: Die meisten Museen sind Di–Fr und So von 9.30 bis 17.30 Uhr geöffnet. Einige schließen über Mittag.

ZEITUNTERSCHIED

WEZ	Fuerteventura	spanisches Festland	Deutschland	USA
12 Uhr	12 Uhr	13 Uhr	13 Uhr	7 Uhr

IN KONTAKT BLEIBEN

Post Briefkästen sind gelb und haben manchmal einen eigenen Einwurf für die Post ins Ausland (*extranjero*). Briefmarken (*sellos*) werden in Postämtern, Hotels, Kiosken, Tabakläden und einigen Läden, die Postkarten verkaufen, angeboten.
Eine Postkarte ist etwa sieben bis zwölf Tage unterwegs.

Telefonieren Am billigsten telefoniert man von einem *locutorio*. Sie finden sie überall auf der Insel, u.a. in Einkaufszentren oder in Souvenirläden. Dort bekommt man eine Telefonkabine zugewiesen und bezahlt nach dem Gespräch die fällig gewordenen Gebühren. Ein 20-minütiges Telefonat zum europäischen Festland kostet nur ein paar Euro.
Öffentliche Telefone gibt es an jeder Straßenecke mit einer mehrsprachigen Bedienungsanleitung; sie funktionieren meist mit Telefonkarten *(tarjetas telefónicas)*, die in diversen Geschäften erhältlich sind.

Internationale Vorwahlen:
Deutschland: 00 49
Österreich: 00 43
Schweiz: 00 41
Spanien: 00 34

ELEKTRIZITÄT

Die Stromspannung liegt bei 220/235 Volt. Die Steckdosen entsprechen der in Europa üblichen Norm.

SICHERHEIT

Auf Fuerteventura stellt Kriminalität kein Problem dar. Gewalt gegen Touristen gibt es praktisch kaum. Das gängigste Delikt sind aufgebrochene und ausgeraubte Autos. Legen Sie also alle Habseligkeiten beim Parken in den Kofferraum. Überprüfen Sie beim Verlassen Ihres Apartments immer, ob alle Fenster und Türen verriegelt sind.

Im Notfall erreicht man die Polizei unter 112 von jeder Telefonzelle.

Polizei:
112 von jedem Telefon

POLIZEI / FEUERWEHR / KRANKENWAGEN 112

Praktisches

GESUNDHEIT

Krankenversicherung: EU-Bürger mit einer europäischen Krankenversicherungskarte haben Anspruch auf Behandlung. Eine zusätzliche private Reisekrankenversicherung ist ratsam und für Reisende aus der Schweiz erforderlich.

Zahnarzt: Zahnärztliche Behandlung ist generell zu bezahlen. Reisekrankenversicherungen übernehmen die Kosten.

Wetter: Wer aus kühleren Gefilden kommt, ist durch die hohe Sonneneinstrahlung besonders gefährdet. Denken Sie deshalb an eine Sonnencreme mit hohem Lichtschutzfaktor, und trinken Sie viel. Kinder, die am Strand spielen, müssen besonders geschützt werden, da Meer und Sand die Strahlung zusätzlich reflektieren.

Medikamente: In den Apotheken (*farmacias*) – zu erkennen am grünen Kreuz – gibt es frei verkäufliche und rezeptpflichtige Medikamente. Außerhalb der Geschäftszeiten verweist ein Schild an der Tür auf die nächste offene Apotheke.

Trinkwasser: Man kann das Wasser aus dem Wasserhahn bedenkenlos trinken, es schmeckt allerdings nicht besonders gut, da es aus Meerwasserentsalzungsanlagen kommt. Mineralwasser *(agua mineral)* kann man überall preiswert erwerben, Supermärkte bieten es in Fünf-Liter-Containern an.

ERMÄSSIGUNGEN

Studenten: Für Studenten gibt es wenig Ermäßigungen. Jugendherbergen und Zeltplätze sind nicht vorhanden; nur auf Lobos befindet sich ein Zeltplatz.

Senioren: Fuerteventura ist ein beliebtes Ziel älterer Reisender, die das milde Winterklima schätzen. Einige Hotels und Apartmentanlagen locken bei Langzeitaufenthalten mit Ermäßigungen, auch die Fluggesellschaft Binter und die Fährlinie Fred Olsen.

EINRICHTUNGEN FÜR BEHINDERTE

In Spanien müssen alle neuen Bauwerke mit einem Rollstuhlzugang ausgestattet sein, doch ältere Hotels, Apartmentanlagen und öffentliche Gebäude sind vielfach nicht oder schlecht zugänglich. Einige Busse haben einen auf Bodenhöhe absenkbaren Einstieg und sind dadurch für Rollstuhlfahrer geeignet. Vor der Buchung einer Reise erkundigen.

KINDER

Hotels und Lokale sind generell sehr kinderfreundlich. Wickelräume sind jedoch selten. Besondere Attraktionen für Kinder sind durch oben stehendes Logo gekennzeichnet.

TOILETTEN

Es gibt in Einkaufszentren und größeren Stränden öffentliche Toiletten *(asesos, servicios)*. Museen und Lokale helfen weiter.

ZOLL

Keine Ausfuhr von Souvenirs, für deren Herstellung gefährdete Tier- oder Pflanzenarten verwendet wurden.

BOTSCHAFTEN UND KONSULATE

Deutschland
☎ 928 49 18 80

Schweiz
☎ 928 26 17 51

Österreich
☎ 928 76 25 00

Spanisch *(español)* – auch als Kastilianisch *(castellano)* bezeichnet, um es von den anderen Sprachen in Spanien zu unterscheiden – wird auch auf den Kanaren gesprochen. Die Sprachmelodie hier auf den Inseln erinnert eher an das Spanische Lateinamerikas als an das des spanischen Festlands.

GRUSSFORMELN UND AUSDRÜCKE

Sprechen Sie Deutsch? **¿Habla aleman?**
Ich verstehe (Sie) nicht **No entiendo**
Ich spreche kein Spanisch **No hablo español**
ja/nein **sí/no**
in Ordnung **vale/de acuerdo**
bitte **por favor**
(Vielen) Dank **(Muchas) gracias**
Keine Ursache/gern **De nada**
Hallo **Hola**
Auf Wiedersehen **Adiós**
Guten Morgen **Buenos días**
Guten Tag (nach 12 Uhr) **Buenas tardes**
Guten Abend **Buenas noches**
Wie geht's? **¿Qué tal?**
Verzeihung **Perdón**
Wie viel kostet das? **¿Cuánto vale?**
Ich würde gern ... **Quisiera/me gustaría ...**

IM NOTFALL

Hilfe! **¡Socorro!**
Könnten Sie mir bitte helfen? **¿Podría ayudarme por favor?**

ZAHLEN

0	**cero**	20	**veinte**
1	**uno/una**	21	**veintiuno**
2	**dos**	30	**treinta**
3	**tres**	40	**cuarenta**
4	**cuatro**	50	**cincuenta**
5	**cinco**	60	**sesenta**
6	**seis**	70	**setenta**
7	**siete**	80	**ochenta**
8	**ocho**	90	**noventa**
9	**nueve**	100	**cien/ciento**
10	**diez**	101	**ciento uno**
11	**once**	110	**ciento y diez**
12	**doce**	120	**ciento y veinte**
13	**trece**	200	**doscientos/ doscientas**
14	**catorce**		
15	**quince**	500	**quinientos/ quinientas**
16	**dieciséis**		
17	**diecisiete**	1000	**mil**
18	**dieciocho**	5000	**cinco mil**
19	**diecinueve**		

NACH DEM WEG FRAGEN

Flugzeug **avión**
Flughafen **aeropuerto**
Auto **coche**
Boot **barco**
Bus **autobús/guagua**
Bushaltestelle **parada de autobús**
Bahnhof **estación**
Hin-/Rückfahrkarte **billete de sólo ida/de ida y vuelta**
Ich habe mich verlaufen **Me he perdido**
Wo ist ...? **¿Dónde está ...?**
Wie komme ich ...? **¿Cómo llego ...?**
zum Strand **a la playa**
zum Telefon **al teléfono**
zur Toilette **a los servicios**
links/rechts **izquierda/derecha**

ÜBERNACHTEN

Haben Sie ein Einzel-/Doppelzimmer? **¿Tiene una habitación individual/doble?**
mit/ohne Bad/WC/Dusche **con/sin baño/lavabo/ducha**
Ist das Frühstück im Preis inbegriffen? **¿Incluye el desayuno?**
Kann ich das Zimmer sehen? **¿Puedo ver la habitación?**
Ich nehme das Zimmer **Cojo esta habitación**
eine Nacht **una noche**
Schlüssel **llave**
Lift **ascensor**

WOCHENTAGE

heute	**hoy**
morgen	**mañana**
gestern	**ayer**
später	**más tarde**
diese Woche	**esta semana**
Montag	**lunes**
Dienstag	**martes**
Mittwoch	**miércoles**
Donnerstag	**jueves**
Freitag	**viernes**
Samstag	**sábado**
Sonntag	**domingo**

IM RESTAURANT

Meerblick **vista al mar**
Ich würde gern einen Tisch reservieren **Quisiera reservar una mesa**
Einen Tisch für zwei Personen, bitte **Una mesa para dos, por favor**
Würden Sie uns bitte die Speisekarte bringen? **¿Nos trae la carta, por favor?**
Was ist das? **¿Qué es esto?**
eine Flasche/Glas ... **una botella/copa de ...**
Die Rechnung, bitte **La cuenta, por favor**
Bedienung inklusive **Servicio incluido**
Kellner/Kellnerin **camarero/camarera**
Mittagessen **Almuerzo**
Abendessen **Cena**
Speisekarte **La carta**

SPEISEKARTE

a la plancha gegrillt
aceite Öl
aceituna Olive
agua Wasser
ajo Knoblauch
almendra Mandel
anchoas Sardellen
arroz Reis
atún Thunfisch

bacalao Kabeljau
berenjena Aubergine
biftec Steak
bocadillo Sandwich
buey Ochsenfleisch

café Kaffee
calamares Tintenfisch
cangrejo Krebs
carne Fleisch
carta Speisekarte
cebolla Zwiebel
cerdo Schweinefleisch
cerezas Kirschen
cerveza Bier
champiñones Champignons
chocolate Schokolade
chorizo würziges Würstchen
chuleta Kotelett
cordero Lamm
crudo roh
cubierto(s) Gedeck (Besteck)
cuchara Löffel
cuchillo Messer

embutidos Würstchen
ensalada Salat
espárrago Spargel
entrada Vorspeisen
entremeses Vorspeisen

filete Filet
flan Karamellpudding
frambuesa Himbeere
fresa Erdbeere
frito gebraten
fruta Obst

galleta Keks
gambas Shrimps
gazpacho andaluz Gazpacho (kalte Gemüsesuppe)
guisantes Erbsen

habas dicke Bohnen
helado Eis
hígado Leber
huevos fritos/revueltos Spiegelei/Rührei

jamón serrano luftgetrockneter Schinken
jamón York gekochter Schinken
judías Bohnen
judías verdes grüne Bohnen
jugo Obstsaft

langosta Hummer
leche Milch
lechuga Kopfsalat
legumbres Gemüse
lenguado Seezunge
limón Zitrone
lomo de cerdo Schweinelende

mantequilla Butter
manzana Apfel
mariscos Meeresfrüchte
mejillones Miesmuscheln
melocotón Pfirsich
melón Melone
merluza Seehecht
mero Zackenbarsch
miel Honig

naranja Orange

ostra Auster

pan Brot
papas arrugadas gekochte Kartoffeln auf kanarische Art
patata Kartoffel
patatas fritas Pommes frites
pato Ente
pepino Gurke
pepinillo Essiggurke
pera Birne
perejil Petersilie
pescado Fisch
pez espada Schwertfisch
picante scharf
pimientos roter/grüner Paprika
piña Ananas
plátano Banane
plato principal Hauptgericht
pollo Huhn
postre Nachspeise
pulpo Tintenfisch

queso Käse

rape Seeteufel
relleno gefüllt
riñones Nieren

salchicha Würstchen
salchichón Hartwurst
salmón Lachs
salmonete Meerbarbe
salsa Soße
seco trocken
solomillo de ternera Rinderfilet
sopa Suppe

te Tee
tenedor Gabel
ternera Kalbfleisch
tocino Speck
tortilla española Omelett mit Kartoffeln
tortilla francesa Omelett natur
trucha Forelle

uva Traube

verduras grünes Gemüse
vino blanco/rosado/tinto Weiß-/Rosé-/Rotwein

zanahorias Karotten
zumo Saft

Reiseatlas

Kapiteleinteilung: siehe Übersichtskarte auf der Umschlaginnenseite

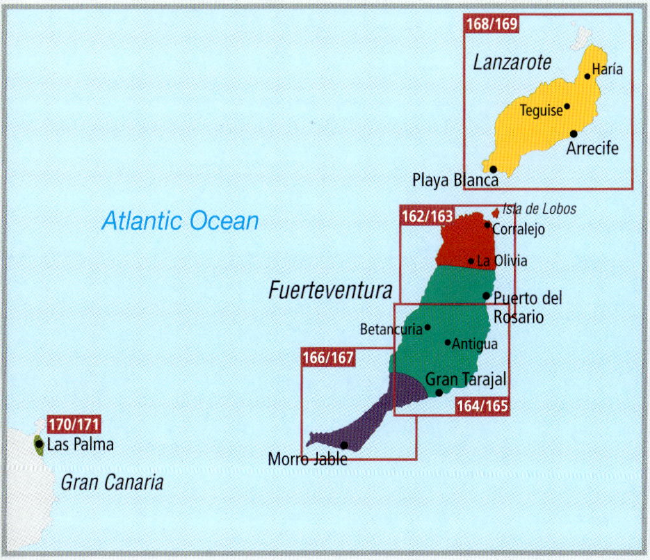

Legende

- FV-2 Autobahn
- Schnellstraße
- FV-10 Fernstraße
- Hauptstraße
- Nebenstraße
- Straße nicht asphaltiert
- Fahrweg
- Fußweg, Pfad
- Straße in Bau, Straße in Planung
- Straße für Kfz gesperrt
- Tunnel
- Fähre, Schiffsverbindung
- Nationalpark, Naturpark
- Sperrgebiet
- 1 TOP 10
- 33 Nicht verpassen!
- 22 Nach Lust und Laune!

- Internationaler Flughafen
- Hafen; Jachthafen
- Windsurfen; Katamaransegeln
- Badestrand
- Kloster; Kirche, Kapelle
- Burg, Festung; Ruine
- Fernmeldeturm; Leuchtturm
- Sehenswürdigkeit; Archäologische Stätte
- Berggipfel; Pass; Höhle
- Rastplatz; Tankstelle
- Golfplatz; Windmühle
- Campingplatz; Aussichtspunkt; Oase
- Information; Krankenhaus
- Museum; Theater; Denkmal
- Polizei; Post
- Busbahnhof; Haltestelle
- Parkhaus; Parkplatz

1 : 175 000

0 — 5 — 10 km

0 — 2,5 — 5 mi

A
B
C
5
4
3
2
1
Punta del Rincón
Punta Blanca
Salinas
Caleta de Beatriz
Punta Aguda
Punta de la Ballena o de Tostón
Faro de El Tostón
Museo de la Pesca Tradicional
Punta de la Enrocadiza
Caletillas
Urbanización Los Lagos
Punta La Barra
Casa de la Costilla
El Roque
FV-10
11 El Cotillo
Torre El Tostón
Mña. La Costilla 181 m
Playa del Castillo
Cerco Prieto
Playa del Aljibe de la Cueva
Barranco de
Playa del Àguila
Punta Las Roquecillas
Casas de Taca
Blanca 308 m
Playa de Esquinzo
Punta de los Caletones
Barranco de Esquinzo
Punta de Paso Chico
Molino
Hoya Honda
Monumento Natural de la Montaña de Tindaya
Las Corihuelas
Montaña Tindaya
14 397 m
Playa de Tebeto
Los Pedregales
Tindaya
Mirador de Vallebrón
Playa de la Mujer
Playa de Jarugo
Montaña Quemada 294 m
Las Mesas
Monumento de Unamuno
Barranco de Jarugo
La Matilla
Punta del Salvaje
FV-207
(El Puertito de) Los Molinos
Playa los Molinos 15
Colonia García Escámez
Punta de la Vega Vieja
Barranco de Los Molinos
Las Parcelas
Molino de Tefía
Los Molinos
Tefía
Bahia de las Gaviotas
Salinas 332 m
Llano de La Laguna
Ermita de San Agustín
7
Ecomuseo de La Alcogida
Cuchillo del Cabo
Presa de Los Molinos
Puntilla del Agujero
339 m
Degolla de la Vista de Casillas
355 m
Casillas del Ángel
Playa de los Mozos
Bco. de los Mozos
Tao 425 m
351 m
Playa de Santa Inés
Aguas Verdes
Llano Las Gabias
FV-30
Llanos de la Concepción
306 m
Casas El Almácigo
Los Pasitos
Punta de los Caletones
Morro de Fuente Laja
162
FV-30
San Agustín
Ampuyenta
Punta del Junquillo
Morro Alto 417 m
164
Valle de Santa Inés
Las Majadillas
San Pedro
Morro del Junquillo 282 m
Los Cardores
Cruz de las
La Rosa del Taro

D
E
F
Punta Martiño
Faro Martiño
Playa del Sobrado
Isla de Lobos
127 m
Playa La Arena
Parque Natural
Centro de Interpretación
El Puertito
Punta de la Tiñosa
El Río
Punta de la Vera
Playa del Bajo de la Burra
Playa de Majanicho
Punta de Corralejo
Corralejo
Majanicho
Montaña la Mancha
151 m
Punta Prieta
Playa de La Concha
Flag Beach
El Jablito
Baku Water Park
Solyplayas
Playa de El Burro
Malpaís de Bayuyo
Bayuyo
269 m
Grandes Playas
Calderón Hondo
278 m
103 m
Playa Bajo Negro
Montaña Colorada
244 m
FV-101
Roya del Cura
El Jable
Playa del Moro
Culata de Roque
12
Lajares
FV-109
Parque Natural de Corralejo
Casas de Arriba
Ermita de San António de Padua
Peña Azul
Playa del Porís
Coto de los Apartaderos
Barca Quebrada
Casilla de Costa
Los Risquetes
Monumento Natural del Malpaís de La Arena
328 m
Caletón de las Palomas
Arena
420 m
Cueva del Llano
La Rosita
Roja
312 m
Villaverde
13
Rosa Erguida
Playa La Cazuela
FV-10
FV-1
La Oliva
Aljibe
El Sobaco
Montaña de Escanfraga
531 m
326 m
Casa Mané
Las Portadas
Parque Holandés
El Jablito
Museo del Grano La Cilla
Casa de los Coroneles
Bco. del Cabadero
Horno de Cal
Playa del Chinchorro
FV-102
Rosa del Podenco
Aljibe
Punta del Tarajalito
Morro de los Rincones
510 m
Caldereta
Casas El Jablito
Vallebrón
FV-102
Playa del Perchel
Majada del Caballo
Bco. de Tinojay
Montaña de la Muda
689 m
553 m
Paisaje Protegido de Vallebrón
Las Llanadas
Punta del Bajo de Tío Viña
Guisguey
Vega Nueva
Casa de la Tía Cristina
El Time
Punta la Tiñosa
Ermita de las Mercedes
FV-10
Temejereque
511 m
FV-214
Casas de Felipito
Punta de la Pared
Puerto Lajas
Playa de Lajas
Tamariche
La Herradura
Las Majadas
Bco. de la Monja
Punta del Roque
Aeropuerto Abandonado
Tetir
La Asomada
Rosa de la Monja
La Caldereta
395 m
Los Estancos
Cortijo de la Sargenta
La Rosa de la Villa
Rosa de las Arenas
Punta de las Arenas
Montaña de Tesjuates
443 m
16
Puerto del Rosario
FV-20
FV-3
342 m
Casa Museo Unamuno
Tesjuates
Zurita
275 m
El Espino Gordo
Bco. de Río Cabras
Playa Blanca
FV-225
Antiguo Parador Nacional
Presa de Río Cabras
259 m
Punta de Piedra Cal
Cercado Viejo
Playa Blanca
165
Punta del Viento
Aeropuerto
Rosa del Taro
1
2
3
4
5

A
B
C
162
5
4
3
Punta de los Caletones
Morro de Fuente Laja
306 m
Valle de Santa Inés
FV-30
El Almácigo
Casas
Las Majadillas
San Agustín
San Pedro
Punta del Junquillo
Morro Alto 417 m
Morro del Junquillo 282 m
Los Cardores
Los Regatones
FV-20
Ensenada Agua Amarga
Punta Gorda
Morro de la Cruz 676 m
Morro de la Fuente Vieja
Mirador de Morro Velosa
Punta de la Herradura
Morro Negro 480 m
Mirador de Betancuria
Morrete El Campo
FV-416
Morro de Tegetuno 647 m
Molino de A
Antig
Punta del Tarajalito
Morro de los Sojames 316 m
Betancuria
Morrete de Tegetuno 597 m
Caleta de la Peña Vieja
Parque Rural de Betancuria
Iglesia de Santa María
Punta de las Animas
Peña Horadada
Betancuria 724 m
Castillo de Lara
Pocetas
Caleta Negra
Monumento Natural de Ajuy
Bco. de la Madre de Agua
660 m
FV-30
Morro Janana 670 m
Ajuy
20
Vega de Río Palmas
19
El Fucarón 392 m
Puerto de La Peña
FV-621
Playa de los Muertos
Morro del Morat 213 m
La Atalayeja
Presa de Las Peñitas
Santuario de la Vega
Valles de Ortega
Ermita de San
Punta de la Nao
Ermita de la Peña
625 m
Degollada de Los Grandadillos
Gran Montaña 708 m
Agua de Bueyes
Montaña Blanca 273 m
Casillas de Morale
Playa de la Solapa
Fénduca 609 m
Centro de Interpretación de los Molinos
22
Canal
Toto
359 m
Caldera de Gairía 461 m
Monumento de la Calde
Mezquez 414 m
El Cortijo de Tetui
Finca de la Novia
21
Tiscamanita
Pájara
Iglesia Nuestra Señora de Regla
FV-20
Montaña Blanca 257 m
AVISA
Bargeda
FV-30
Casas de Abaise
Carbón 606 m
Tuineje
Malp
Militar
337 m
Cortijo de Adeje
Casa del Alto
Fayagua
Montaña de la Fuente 496 m
Las Casitas
La Florida
Tamasite 346 m
Casilla Blanca
Cuchillo Negro 362 m
Degollada del Viento
Melindraga 619 m
Rosa de Catalina García
Los Arra
Morro Colorado 447 m
Tesejerague
Cortijo de Diego Alonso
Río Gran Tarajal
Espigón de Ojo Cabra
Casas de la Vegueta
FV-605
Monumento Natural de Montaña Cardón
FV-618
Montaña Hendida
Montaña Tirba 339 m
FV-20
Llanos de la Higuera
Ermita Virgen de El Tanquito
Cardón 691 m
El Cardón
Rosa de los James
Tamaretilla
Fuentita
FV-4
Corrales de las Hermosas
El Charco
402 m
FV-617
Ocios del Sur
FV-56
Carga del Camelo
FV-2
Morrete de Marcos Sanchez
Artis Tirma
Caracol 464 m
Río de Giniginámar
362 m
Marisma 168 m
El Palmeral
La Solana
313 m
Rediles
FV-56
FV-525
Lapa 292 m
23
Gran Taraja
Morro del Majano 323 m
Barranco de Tarajal
El Brasero
Agando
Giniginámar
167
Puerto Azul
Tarajalejo
Punta del Aceituno
Playa de Gran T
Playa del Aceituno
Punta del Puerto
Playa de Giniginámar
Oasis Park
8
Punta del Caracol
FV-2
La Lajita
Punta del Colorado
Playa de La Tarajalejo
Playa de La Lajita
Blancas
164
Playa Puerto Rico
A
B
C

Los Pasitos
FV-225
Presa de Rio Cabras
Antiguo Parador Nacional
Ampuyenta
163
259 m
Playa Blanca
Punta de Piedra Cal
Cercado Viejo
La Rosa del Taro
Punta del Viento
Aeropuerto de Fuerteventura
Cruz de las Cañadas
Rosa del Taro 593 m
Cuchillo de Palomares
FV-2
Punta Gonzalo
Triquivijate
El Matorral
Playa del Matorral
de Antigua
Playa de las Caletitas
Montaña del Negrito 282 m
FV-413
Finca del Saladar
Barranco de la Muley
Casa de Pancho Sarabia
Nuevo Horizonte
Caleta de la Camella
Cuchillete de Buenavista
Ermita de San Francisco
Morro de la Degollada del Fronton 416 m
232 m
Montaña Blanca de Abajo 192 m
17 Caleta de Fuste
Castillo San Buenaventura
Puerto del Castillo
Playa del Castillo
FV-50
Majada Blanca
Corrales de Miraflor
Playa de La Guirra
Caleta de La Guirra
Finca del Vicario
Bco. de la Torre
124 m
Museo de la Sal
Salinas del Carmen 18
Playa de Las Salinas
Playa del Muellito
Agudo 494 m
263 m
Puerto de la Torre
Caleta de la Ballena
Morro Halcones 428 m
Granja Experimental
Caldera de la Laguna
FV-420
Malpaís Grande
Punta del Viento
Pozo Negro
La Atalayita
Playa Pozo Negro
Punta Medina
436 m
Paisaje Protegido del Malpaís Grande
Playa de los Vallichuelos
Casas de Ezquén 201 m
Tecinosquey
Bco. Valle de la Cueva
Playa de la Cueva
Los Toneles
Ensenada de Toneles
Caldera de Jacomar
436 m
Casas de Jacomar
Morro del Peñon 398 m
Ensenada de Puerto Rico
Punta Lao Borriquillas
Teguital
Monumento Natural de los Cuchillos de Vigán
Casas de la Cañada de Teguital
Ensenada de Valle Corto
Bco. de Gran Valle
Vigán 468 m
Punta del Jurado
La Entallada
Playa de los James
340 m
185 m
Las Playitas
23
Peñon del Roque
Punta de la Entallada
Costa de la Entallada
Playa de Las Playitas
Playa de los Pobres
Piedras Caidas o Morro de Cran Tarajal
D
E
F
5
4
3
2
1

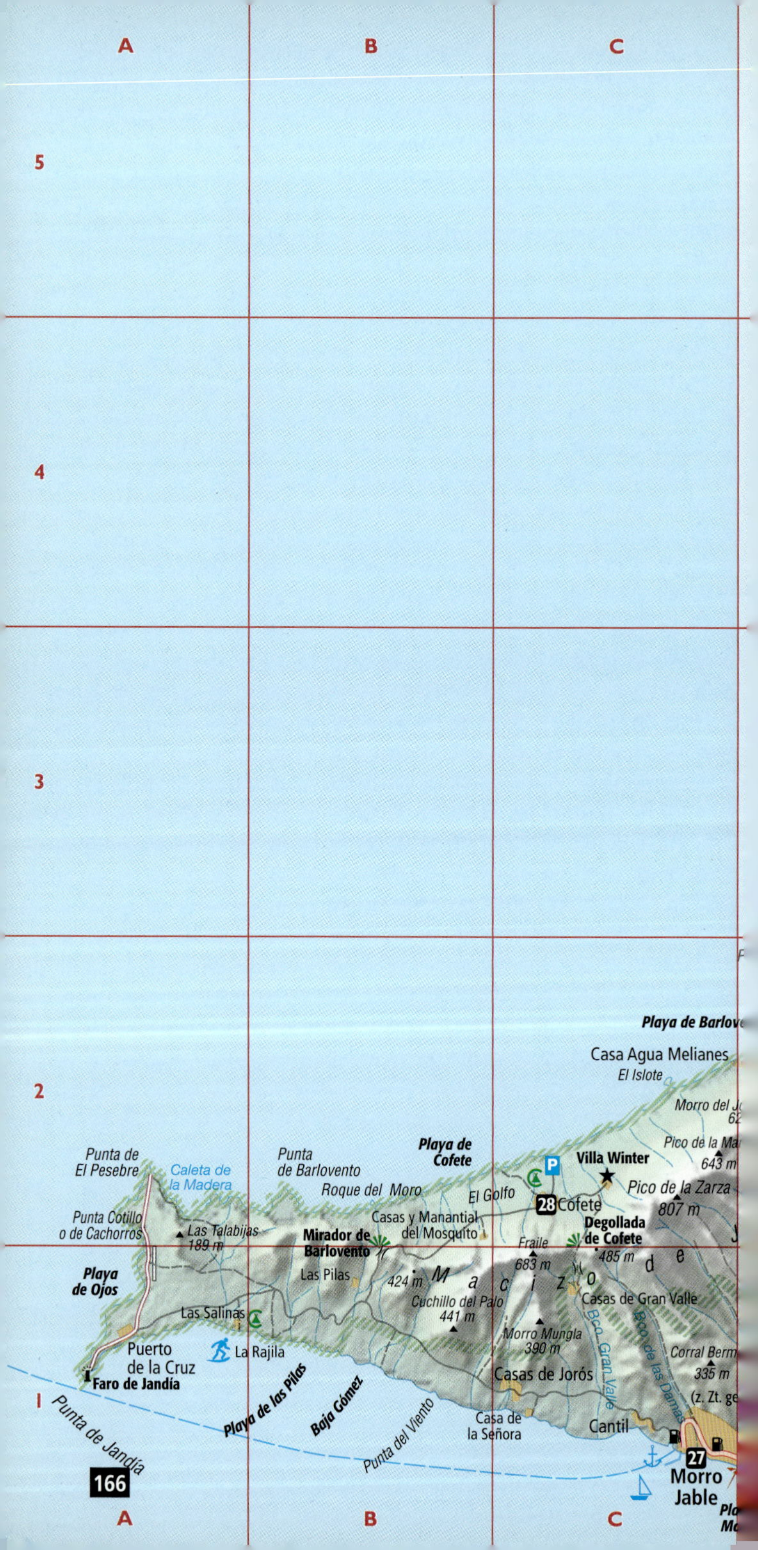

A
B
C
5
4
3
2
1
Casa Agua Melianes
El Islote
Playa de Cofete
Villa Winter
Pico de la Zarza
807 m
Punta de El Pesebre
Caleta de la Madera
Punta de Barlovento
Roque del Moro
El Golfo
28 Cofete
Degollada de Cofete
485 m
Punta Cotillo o de Cachorros
Las Talabijas 189 m
Mirador de Barlovento
Casas y Manantial del Mosquito
Fraile 683 m
Playa de Ojos
Las Pilas
424 m
Macizo de
Cuchillo del Palo 441 m
Casas de Gran Valle
Las Salinas
Morro Mungla 390 m
Bco. Gran Valle
Bco. de las Damas
Puerto de la Cruz
La Rajila
Casas de Jorós
335 m
Faro de Jandía
Playa de las Pilas
Baja Gómez
Casa de la Señora
Cantil
Punta de Jandía
Punta del Viento
27
Morro Jable

D
E
F
Playa de Garcey
Montaña
257
La Matanza
Las Salinas
Zona Militar
337
5
Vigocho
382 m
Las Salinas
Cuchillo Negro
362 m
Punta Amanay
Bco. Amanay
Degollada del Viento
306 m
Morro Colorado
447 m
FV-605
Punta de las Goteras
Playa de Terife
Cortijo de Chilegua
Monumento Natural de Montaña Cardón
Playa Negras
Ermita Virgen de El Tanquito
691 m
4
Playa de Ugán
Corrales de las Hermosas
Puerto Nuevo
Bco. de las Hermosas
402 m
FV-617
164
Punta de Guadalupe
La Pared
24
Playas de La Pared
Playa del Viejo Rey
195 m
Rediles
Morro del Majano
323 m
Barranco de Tarajal
Agua Liques
Granillo
123 m
Oasis Park
3
8
Agua Tres Piedras
Istmo de La Pared
FV-2
Matas Blancas
Punta Paloma
Parque
Playa Puerto Rico
Playa de Matas Blancas
25
Costa Calma
Punta de los Molinillos
Punta Paloma
Punta de Playa Larga
Playa Larga
158 m
1
Playas de Jandía
Natural
Loma Negra
335 m
FV-2
Los Gorriones
Casas de Pecenescal
Playa Barca
Morro de la Burra
515 m
Barranco del Valluelo
El Paso
253 m
Playas de Sotavento
2
Montaña Blanca
394 m
Bco. del Salmo
Casas Risco del Paso
de Jandía
Bco. los Canarios
Risco del Paso
Casas de Mal Nombre
Casas de Esquinzo
Boca de Mal Nombre
Monte del Mar
Playa de Esquinzo
Aguda
255 m
FV-602
Esquinzo
Butihondo
Playa de Butihondo
1
26
Jandía
Humedal Saladar de Jandía
Punta del Matorral o del Morro Jable
D
E
F

Lanzarote
0
5 km
0
3 mi
A
B
C
5
4
3
2
1
Atlantic Ocean
La Isleta
La Santa
Playa Teneza
El Cu
Tinajo
Tajaste
Guiguan
Mancha Blanca
Tinguatón
La Vegu
Playa de la Madera
Los Islotes
Baja de la Piedra Dorada
El Volcán
Parque Nacional de Timanfaya
Caldera Colorada
465 m
San B
Montañas del Fuego
Masdache
El Golfo
30
El Golfo
Islote de la Vega
Vegas de Tegoyo
La Geria
31
Coníl
Playa de Montaña Bermeja
Yaiza
El Tablero
La Asomada
El Mesón
Uga
Mácher
Las Hoyas
Salinas de Janubio
Atalaya de Femés
Las Casitas de Femés
608 m
38
Las Breñas
Puerto del Ca
Femés
El Rubicón
Atlante del Sol
Playa Quemada
Bahia de Ávila
Los Ajaches
El Veril Atravesado
Playa Blanca
Playas del Papagayo
Playa de Puerto Muelas

D
E
F
Isla de Montaña Clara
Caletón Oscuro
5
Pedro Barba
Isla Graciosa
El Río
Caleta del Sebo
Mirador del Río
34
Orzola
Yé
Las Rositas
Malpaís de la Corona
Los Molinos
4
Cueva de los Verdes
35
Casas Las Escamas
Jameos del Agua
10
Risco de Famara
Máguez
Los Picachos
33
Haría
Playa de Famara
Bajamer
Arrieta
Santa Sport
La Caleta
Peñas del Chache
671 m
Casa del Molino
El Cangrejo
Sóo
Risco de las Nieves
Mala
Los Valles
Las Laderas
36
Jardín de Cactus
Muñique
Guatiza
3
Teguise
El Mojón
29
Tiagua
Teseguite
Playa de Tic Joaquín
El Jable
Nazaret
Tao
Urbanización Las Cabreras
Mozaga
Tahíche
Bartolomé
Fundación César Manrique
32
El Charco
Montaña Blanca
Argana Alta
Urbanización Costa Teguise
Arrecife
37
2
Castillo de San Gabriel
Arrecife (ACE)
Playa Honda
Playa de Guasimeta
Urbanización Los Pocillos
Atlantic Ocean
1

A
B
C
5
4
3
2
1
Gongora
Plaza Emilio Ley
Club Natación Julio Navarro
Beethoven
y Castillo
Comisaría Policía
Casino
Hotel Santa Catalina
Parque Doramas
Museo Néstor/ Pueblo Canario
Jardín Botanico
43
Esponceda
Francisco Gonzales Díaz
Emilio Ley
Monumento F. León y Castillo
Chopin
Paseo de Madrid
M. Sarmiento
Angel Guimera
Domingo Rivero
Alfonso el Sabio
Tirso de Molina
Juan Carlo
Avenida de Juan XXIII
Luis Doreste Silva
Alcade José Ramírez
ALTAVISTA
Plaza Agustín del Castillo
Plaza Dr. Rafael O'Sanahan
León y Castillo
Colegio Alemán
Policlínica
Paseo del Tomás Morales
Seguridad Social
Paseo del Chil
Pérez del Toro
Paseo de Lugo
Suárez Naranjo
Matías Padrón
15 Quince de Noviembre
Castrillo
Luis Doreste
Carvajal
Dep. Socas
Juan Ramón Jimenez
Juan de la Cruz
Carlos M. Blandy
Echegaray
Párroco Villar Reina
Bernardino Lezcano
Pamochamoso
A. Bethencourt
Obispo Vela
Reg. Hermosilla
Alfredo S. Pérez
Arco
Curva
Pedro Minio
Teodoro Gollín
Pepe García Fajardo
Alvarez de Castro
Fernando Calpena
Sor Simona
Inesilla
Maruchа
Párroco Matías Artiles
Benavente
Inclán
Obispo Encina
Angel Guimera
Suárez Naranjo
Aguadulce
Alfredo de Musset
Matías Padrón
Molinos de Viento
Capitán Eliseo López Orduña
Padre Claret
Arco
Curva
Juan Carlo
Jerónimo de Falcón
Pl. Heroes del Alcázar
Casa de Socorro
Galo Ponte
Alfonso XIII
Salvador Monsalud
Plaza de Don Benito
Núñez de Balboa
Avenida Rafael Mesa y López
Santa Juana de Arco
Biblioteca Municipal
Monumento T. Turales
Plaza de la Constitución
Dr. Waksman
Martínez Anido
Escuela de Magisterio
Sor Simona
Maruchа
Pantoja
Pablo Peñáguilas
Federico Viera
Jacinta
Obispo Romo Zaragoza
Nuestra Señora de Los Dolores
Bailén
Los Ayacuchos
Antón Caballero
Inesilla
Don Pedro Infinito
Paseo de San Antonio
Escuela de Comercio
Universidad Internacional
Obispo Rabadán
Eusebio Navarro
Senador Castillo Olivares
Paseo de Tomás Morales
Doña Perfecta
Don Pío Coronado
Dr. Centeno
El Audaz
Cádiz
El Audaz
Plaza General Prim
Alceste
Alceste
Rafael Mesa y López
Avenida
Pancho Guerra
Instituto Enseñanza Media
Voluntad
Doña Perfecta
Don Pío Coronado
Don Pedro Infinito
Halma
Gerona
Fortunata
Dr. Jiménez Neira
Pepet
Juan Fontán
Carmelo Bethencourt
Paseo del Chil
Luis de la Cruz
Angel Guerra
LA REHOYA
SAN ANTONIO
Agustina de Aragón
Virgen de Loreto
Santa Luisa de Marillac
Gloria
Rosaura
León Roch
Demetria
Naidanela
María Victoria
María Egipciaca
Casandra
Condesa de Laín
Nelly
Dolly
Paseo de San Antonio
G. Aracelí
Parque de las Rehoyas
Virgen de la Macarena
Plaza Navidad
Virgen de Begoña
San Juan Bosco
Avenida Obispo Marquina
Castillo de Mata
Plaza Martín Cobos
Santa María de la Cabeza
LA PAZ
Avenida Polvorín
Carretera de la Mata
SAN LÁZARO
Luisa de Marillac
Virgen de las Angustias
Plaza Escorial
Virgen de Lourdes
Carretera del Norte
Rafael García
Carretera del Norte
M. Pérez Navarro
Rafael García
Francisco Hernández Guerra
Juan Saraza Ortíz
Cruz de Piedra
SAN BERNAR
Castillo de San Francisco
Hospital Militar
SAN FR
Azafata Delgado
Gregorio G
Camino Real del C
SAN NICOLÁ
Barranco de Guin
Farnesio
Victor P

Las Palmas
0 300 m
0 300 yd
D
E
F
5
4
3
2
1
LUGO
Ramírez Bethencourt
GC-1
Luis Doreste Silva
15 Quince de Noviembre
León y Castillo
Plaza Fuente Luminosa
Avenida Marítima
Comandancia de Marina
Monumento P. Galdós
Plaza de la Feria
Gobierno Civil
Dr. Waksman
SAN ROQUE
Emilio Arrieta
Obispo Rabadán
Venegas
Centro Insular Deportes
Canalejas
Tomás de Iriarte
Núñez Bosque
Murga
Plaza Padre Hilario
Camara de Comercio
ARENALES
Cebrián
Alfonso Alvarado
Jaime Balmes
Eusebio Navarro
Pedro de Vera
Perojo
Colmenares
Muelle de Las Palmas
Avenida Rafael Cabrera
Estación de Guaguas
Parque San Telmo
Ermita de San Telmo
Paseo de San Telmo
Bravo Murillo
Cabildo Insular
Eduardo
Triana
Buenos Aires
Viera y Clavijo
Paseo Seco
Domingo J. Navarro
Pino
Verona
Venus
Saturno
Sirena
Troya
Dr. Juan Padilla
Pérez Galdós
TRIANA
Pedromo
Matula
Casas Metián & Negrín
Munguia
Francisco Gourie
Rafael Cabrera
Avenida Rafael Cabrera
Constantino
Arena
Cano
San Bernardo
Avenida Primero de Mayo
Domingo Guerra del Río
Minerva
Villavicencio
Galeria de Arte
Casa-Museo Benito Pérez Galdós
Travieso
General Bravo
Torres Clavel
R. Glez
Losero
Plaza Stagno
Teatro Pérez Galdós
F. Jareño
Nogal
Madera
Nieve
Roble
Manindra
San Francisco
Malteses
Peregrina
Gabinete Literario
Plaza Cairasco
Lentini
Plaza Mercado
ANCISCO
Milagro
Lirio
Luna
Golfo
Girasol
Concha Espina
Acequia
Pl. Colón
A. de Colón
Dr. Deniz
Remedios
Pl. H. de Mendoza (Plaza Ranas)
Calvo Sotelo
Mendizábal
Mercado de Vegueta
Matadero
Pelota
Armas
Botas
San Nicolás
Terrero
Muro
Teatro Guiniguada
Herrería
Ermita de San Antonio Abad
Montes de Oca
Audiencia
Gutiérrez
Granate
Castillo
Quintana
Álamo
Mr. Blisse
Alcalde Obregón
S. Justo
P. Artiles
San Diego de Alcalá
Fuente
Casa de Colón
Colón
Algaba
Obispo Codina
C. S. Marcial
J. León y Joven
CAAM
Palacio de Justicia
Palacio Episcopal
Casa Regental
Frías
Doramas
Plaza Santa Ana
Catedral Santa Ana
Museo Diocesano
Espíritu Santo
San Agustín
LA VEGUETA
Juan de Quesada
Casa Consistorial
Casa Viera y Clavijo
Reloj
Massieu
Felipe
Agustín Millares
Dr. Chil
Plaza Espíritu Santo
Museo Canario
Jordán
Verdi
Bedmar
Santa Bárbara
Luis Millares
Vernetta
García Tello
Domingo
Doreste
Juan E. Doreste
Marítima
39
40
41
42

Islas Canarias

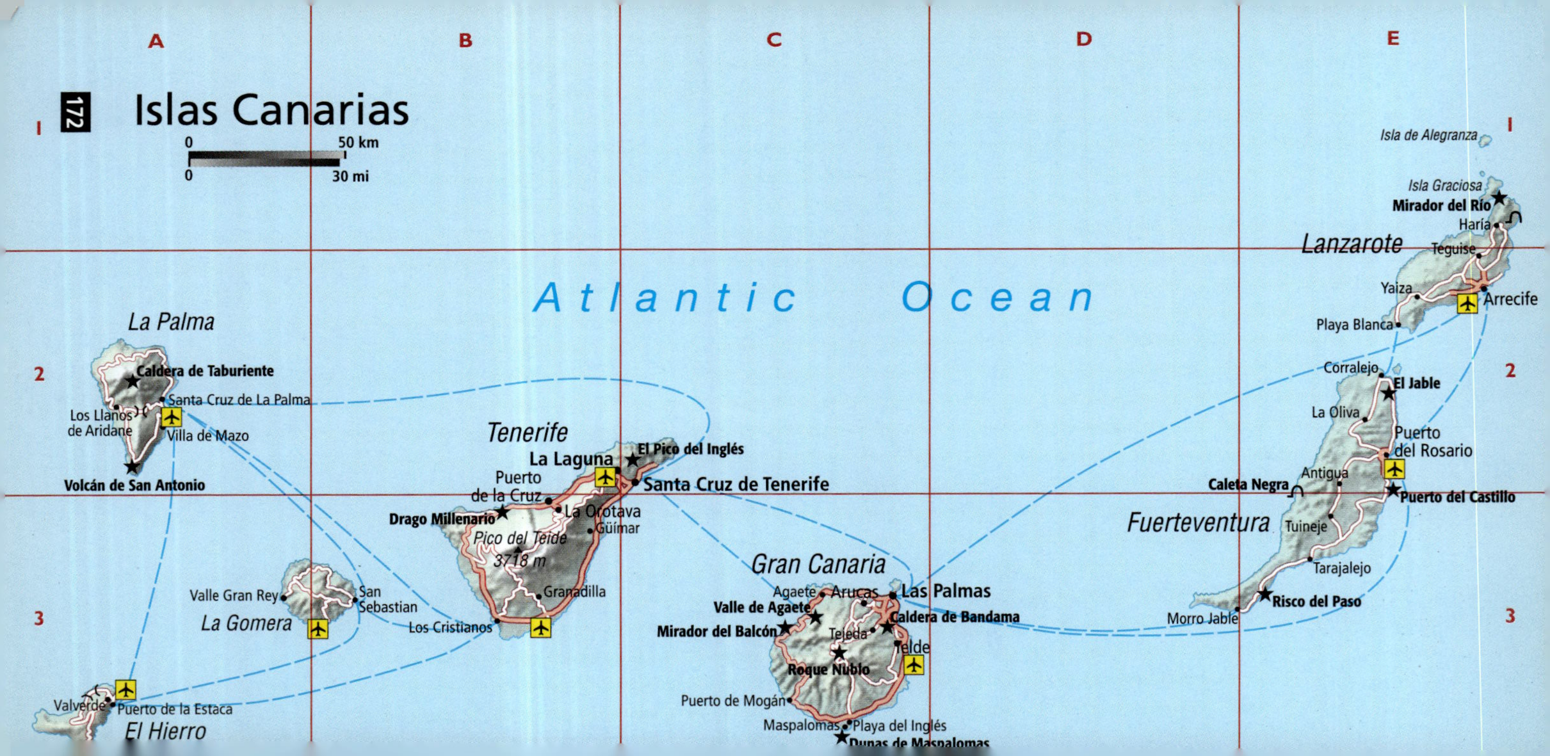

Register

A
Agua Tres Piedras 152
Ajuy 66, 67, 69, 77, 78, 81
Aloe Vera 11
Ankunft 36, 37, 108, 109
Anreise 36, 155
Antigua 73, 79, 82, 83, 148
  Molino de Antigua 73
Apartments 39
Arrieta 125
Arrecife 108–111, 113, 120, 122–124, 126
Ausgehen 42
  siehe auch einzelne Regionen
Autofahren 37, 38
Autofähren 36

B
Behinderte 158
Betancuria 5, 8, 15, 21, 28, 65–73, 77, 79, 83, 145, 147, 148
  Casa Santa María 71
  Iglesia de Santa María 71
  Museo Arqueológico 15, 72
  Museo de Arte Sacro 71
Béthencourt, Jean de 13–15, 48
Busse 37

C
Calderon Hondo 142, 144
Caleta de Fuste 30, 31, 65–67, 75, 78, 80, 82, 83, 84
Caleta Negra 66
Casas rurales 39
Casillas del Ángel 148
Centro de Interpretación de los Molinos 78, 148
Centro de Molino 148
Cofete 86, 87, 89, 91, 98, 99, 106
Corralejo 5, 6, 11, 12, 16, 17, 18, 19, 21, 22, 26, 27, 30, 31, 33, 34, 44–48, 50–52, 58, 61, 63, 64, 138, 140, 142–146, 148
  Parque Natural de Corralejo 51
  Strände 50
  Wasserpark Baku 50
Costa Calma 86, 87, 90–92, 96, 98, 100, 101, 103, 105, 106, 150, 152
Cueva del Llanos 46, 56

D
Degollada de los Granadillos 147
Delfine 30

E
Ecomuseo de La Alcogida 12, 74
Einkaufen 41, 42
  siehe auch einzelne Regionen
El Cotillo 12, 15, 21, 26, 27, 32, 43–47, 54–56, 59, 60, 62, 64
Elektrizität 157
El Golfo 111, 112, 120
El Muelle 138
El Puertito 48, 49, 138, 139
Ermässigungen 158
Ermita La Virgen de la Peña 77, 145, 147
Esquinzo 101, 104
Essen und Trinken 22–25, 40
  siehe auch einzelne Regionen

F
Fähren 36
Feiertage 156
Ferienwohnungen 39
Flughäfen 108, 128
Fundación César Manrique 109, 111, 120

G
Geld 155
Gran Canaria
  Casa de Colón 132
  Cueva Pintada 14, 133
  Gáldar 133
  Idol von Tara 15
  Las Palmas 128–130, 132, 134
  Museo Canario 127, 131, 133, 136
Gran Tarajal 67, 78, 84
Guanchen 13–15, 24, 28, 44, 53, 56, 133

H
Haría 110, 111, 121, 125, 126
Hotels 39
  siehe auch einzelne Regionen

I
Idol von Tara 15
Isla de Lobos 27, 31, 44, 45, 48–50, 52, 61, 63, 64, 137, 138, 139, 140, 141
  El Puertito 48, 49, 138, 139
  Playa de la Concha 27

J
Jameos del Agua 110, 111, 113, 116, 117, 120, 122
Jandía 5, 11, 14, 16, 18, 22, 31, 32, 85, 86, 90, 91, 95–97, 99, 100, 103, 105, 106
Jardín de Cactus 110, 111, 113, 122

K
Karneval 9, 19, 20
Kinder 26, 158
Kitesurfen 16, 18
Konfektionsgrößen 156
Krankenversicherung 158

L
La Ampuyenta 148
La Geria 109, 110–112, 120
Lajares 44, 45, 47, 56, 60, 62, 63, 64
La Lajita 100
La Oliva 43, 44, 46, 47, 53, 54, 60, 62, 63
  Casa de los Coroneles 53
  Centro de Arte Canario 53
  Museo del Grano La Cilla 54
La Pared 14, 18, 26, 86, 87, 88, 96, 98, 100, 106
Las Palmas 128, 129, 130, 132, 134
Las Playitas 78, 81, 84
Lanzarote 107–126
  Arieta 125
  Arrecife 122, 124, 126
  Cueva de los Verdes 122
  El Golfo 120
  Fundación César Manrique 109, 111,120
  Haría 121, 125, 126
  Jameos del Agua 110
  Jardin de Cactus 122
  La Geria 120, 125
  Mozaga 125
  Parque National de Timanfaya 114–115
  Puerto del Carmen 123–126
  Teguise 118–119, 125, 126
Lobos s. Isla de Lobos
Los Boquetes 152
Los Molinos 67, 68, 74, 75, 78, 80

M
Majanicho 144
Manrique, César 54, 108–110, 112–114, 116, 120–126
Märkte 42
Mietwagen 38
Mirador de Morro Veloso 147
Molino de Antigua 73
Montaña Colorada 142, 143, 144

Register

Montaña de la Caldera 141
Montaña Quemada 146
Montaña Tindaya 15, 44, 45, 47, 57
Monumento al Campesino 112, 120
Morro Jable 6, 8, 21, 27, 29, 30, 31, 85–87, 89, 91, 92, 96–99, 102, 104–106
Mozaga 125

N
Notruf 157

O
Oasis Park 86–93, 95, 100, 105
Öffnungszeiten 41, 156

P
Pájara 66, 67, 69, 77, 81, 82 148, 77
Parque Nacional de Timanfaya 110, 112, 114
Parque Natural de Corralejo 52
Pico de la Zarza 98
Playa barca 104
Playa de Barlovento 6
Playa de Famara 119
Playa de la Calera 49, 141
Playa de Lagos 47
Playa del Matorral 91
Playa de Sotavento 91, 92, 96
Playa la Concha 49, 141
Playas de Janída 87, 89, 91, 101
Polizei 157
Post 157
Puerto del Carmen 107–111, 123, 124, 126
Puerto del Rosario 66–68, 75, 78, 80, 83, 84

R
Radfahren 145
Reisevorbereitungen 154
Reisezeit 154
Restaurants 40
siehe auch einzelne Regionen

S
Salinas del Carmen 66–68, 76, 80
Schiffswracks 32
Schnorcheln 31
Sendero de Bayuyo 6, 137, 142, 143
Souvenirs 42

T
Tauchen 6, 27, 31
Taxi 37
Tefía 145–148
Teguise 107–111, 113, 118, 119, 120, 125, 126
Telefonieren 157
Tetir 146, 148
Tindaya 145
Tiscamanita 148
Toiletten 158
Touristeninformation 37, 154
Trinkwasser 158
Tuineje 21

U
Übernachten 39
siehe auch einzelne Regionen
Unamuno, Miguel de 75, 76, 146

V
Valle de Santa Inés 147, 148
Vega de Río Palmas 21, 66, 67, 69, 76, 77, 81, 147, 148
Verkehr 37
Villaverde 15, 44–46, 56, 60, 62, 63
Villa Winter 99

W
Wale 30
Wanderungen 137–152
Windmühle 10
Windsurfen 16, 17, 26

Z
Zeit 155
Zoll 41, 158

Abbildungsnachweis

AA/Pete Bennett S. 128, 129
AA/Steve Day S. 17 (unten), 18 (unten), 68, 69, 92 (unten), 109, 121, 122, 141, 150
AA/Clive Sawyer S. 22, 24 (oben), 66, 77, 110, 123, 130
AA/James A. Tims S. 4, 8, 18 (oben), 19 (links), 19 (Mitte), 19 (rechts), 20 (unten), 24 (2.v. unten), 27, 28, 29 (unten), 31, 32, 33 (links), 33 (rechts), 34, 44, 46, 47, 48, 51, 52, 53, 54, 56, 57, 71, 73, 76, 86, 87, 90, 93, 94 (2x), 95, 96, 97, 99, 112, 113, 140, 144
AA/Steve Watkins S. 30
DuMont Bildarchiv S. 15
DuMont Bildarchiv/Sabine Lubenow S. 10, 12, 24 (unten), 49, 50, 55, 72, 74, 75, 78, 88, 92, 98, 115, 119, 138, 145, 149
DuMont Bildarchiv/Olaf Lumma S. 17 (oben), 26, 70, 117, 118
DuMont Bildarchiv/Hans Zaglitsch S. 20 (oben), 21, 132
laif S. 114
laif/Naftali Hilger S. 116
laif/Gunnar Knechtel S. 24 (2. v. oben)
laif/Fluvio Zanettini S. 14, 133
LOOK-foto/age fotostock S. 7
LOOK-foto/Jürgen Richter S. 11, 25
mauritius images/Alamy S. 29 (oben)
mauritius images/United artists S. 152

Titelbild: Maurizio Rellini/SIME/Bildagentur Schapowalow (Strand von Corralejo)

Impressum

1. Aufl. 2015

Text: Paul Murphy, Rolf Goetz
Übersetzung: Jutta Ressel M.A.
Redaktion: Dina Stahn, Stuttgart
Programmleitung: Birgit Borowski
Chefredaktion: Rainer Eisenschmid

Kartografie: ©MAIRDUMONT GmbH & Co. KG, Ostfildern
3D-Illustrationen: jangled nerves, Stuttgart

Printed in China

Trotz aller Sorgfalt von Autoren und Redaktion sind Fehler und Änderungen nach Drucklegung leider nicht auszuschließen. Dafür kann der Verlag keine Haftung übernehmen. Berichtigungen, Kritik und Verbesserungsvorschläge sind uns jederzeit willkommen, bitte informieren Sie uns unter:

Verlag Karl Baedeker/Redaktion
Postfach 3162
D-73751 Ostfildern
Tel. 0711 4502 262
smart@baedeker.com
www.baedeker.com

FSC
www.fsc.org
MIX
Papier aus verantwortungsvollen Quellen
FSC® C020056

10 GRÜNDE WIEDERZUKOMMEN

1. Das **beste Klima der Welt** ist jederzeit und zu allen Jahreszeiten eine Reise wert.
2. Die **attraktiven Sandstrände** sind für Strandläufer ein weites Feld.
3. Nach dem **Surfkurs** für Einsteiger fühlt man sich beim nächsten Mal fast wie ein Profi.
4. Abseits vom Strand laden **neu markierte Pfade** zum Wandern ein.
5. Der **Nachwuchs im Tierpark Oasis** ist sicher schon wieder mächtig gewachsen.
6. Kanarische **Lebensart** will auf vielen Dorffiestas mitgefeiert werden.
7. Die urigen **Fischlokale direkt am Wasser** laden immer wieder zum Besuch ein.
8. Nur auf der Insel schmecken die **Runzelkartoffeln mit Mojosauce** wirklich gut.
9. Der **Sonnenuntergang** über dem Atlantischen Ozean verzaubert stets aufs Neue.
10. Auch auf Fuerteventuras **Nachbarinseln** warten zahlreiche Entdeckungen.